重曹 セスキ クエン酸

過炭酸ナトリウム 石けん アルコール

ナチュラル洗剤
そうじ術

ナチュラルクリーニング講師
本橋ひろえ 著

Discover
ディスカヴァー

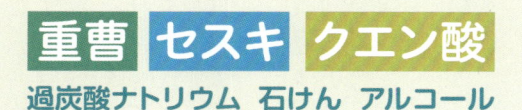

はじめに

私がナチュラルクリーニングを始めて20年になりました。
そうじも洗濯も、体を洗うのも、すべてナチュラル洗剤です。
全国でナチュラルクリーニングを
お伝えするようになってからは12年です。
応援してくださる方、
実践して広めてくださる方も増え、心強く思っております。
決しておそうじが好きだったわけではない私も
今では毎日、少しずつ取り組むことが習慣になっています。
汚れをためず、こまめにおそうじすれば、そうじはラクになります。
汚れの性質にあった洗剤を選べば、無駄な手間も省けます。
本書では汚れ落ちをよくする工夫や、便利な道具も紹介しています。

おそうじは化学です。

化学的な視点でおそうじを捉えると、家事がラクになるのです。

一冊目の本の出版から3年経ち、
ナチュラルクリーニングが取り上げられる機会が多くなりました。
ナチュラルクリーニングで使用する、洗剤の仲間も増えてきました。

本書ではご質問の多い、
セスキ炭酸ソーダについてもご紹介しています。
ラクに、簡単に、汚れを落とせるコツ、
洗剤選びのポイントも増えています。
この本が、おそうじを楽しむきっかけになれば幸いです。

ナチュラルクリーニング講師
本橋ひろえ

CONTENTS

始める前に知っておきたいそうじの基本

基本❶

上から下へ、奥から手前に動かす

ぞうきんで拭くとき、そうじ機をかけるときなどの、動作の基本です。一方向に動かすことで汚れをしっかり除けます。

基本❷

そうじは毎日！汚れはためない

汚れはたまるほど手ごわくなります。毎日こまめにそうじすることで、手軽にキレイを保つことができるのです。

基本❸

時間を意識して行う

そうじ機をかけるとき、シンクそうじをするとき、それぞれのそうじに何分かかるかをはかって記録し、所要時間を把握して。

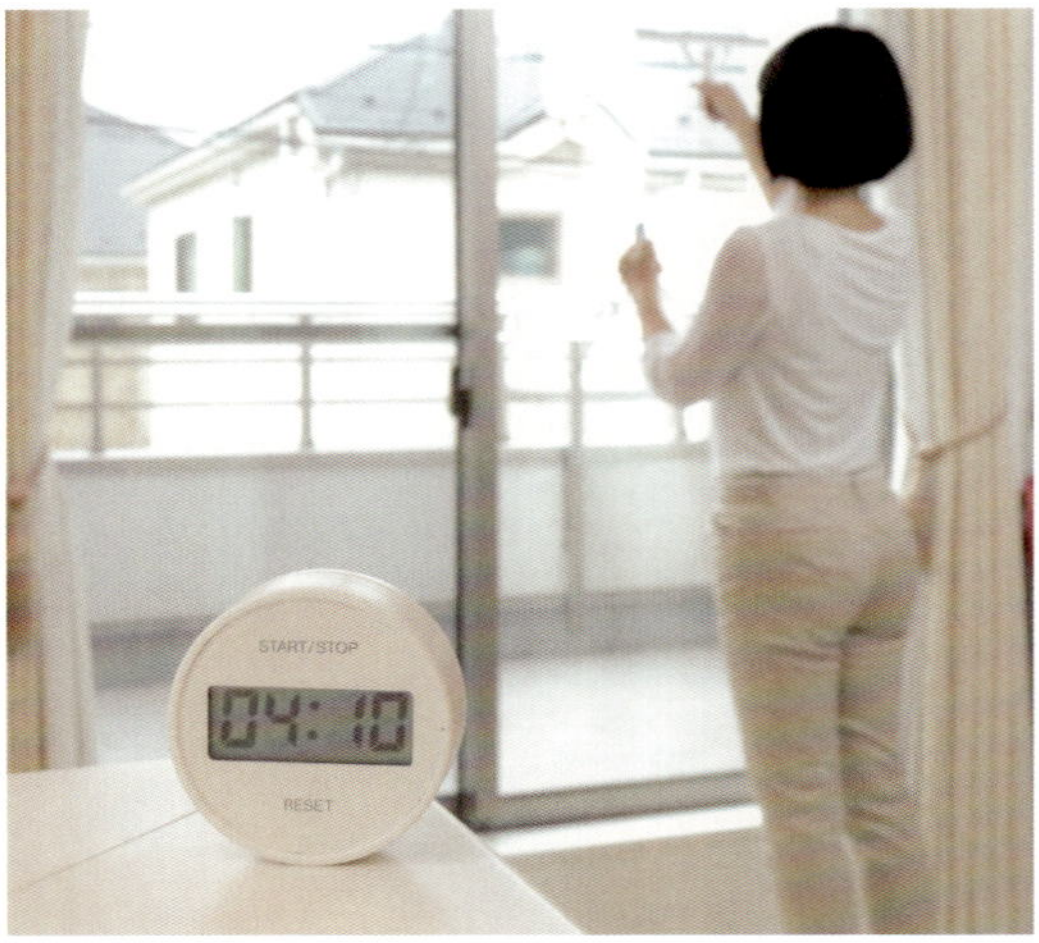

基本❹

汚れと洗剤の相性

酸性の汚れはアルカリ性の洗剤を、アルカリ性の汚れは酸性の洗剤を使うことで落とせます。家の汚れの80％は酸性です。

洗剤が不要の汚れもあります!
・ほこり　・砂　・ドロ

pHと洗剤の使い分け方

クエン酸
・水アカ
・石けんカス
・アンモニア臭
・魚やタバコの臭い
（ほか抗菌）

重曹
・食品の汚れ
・軽い油汚れ
・皮脂、手アカ
・湯アカ　・タバコのヤニ汚れ
・茶渋　・鍋などの焦げ
※古く固くなった油汚れには不向き

セスキ炭酸ソーダ
・油汚れ
・血液などのたんぱく質汚れ
・湯アカ
・タバコのヤニ汚れ

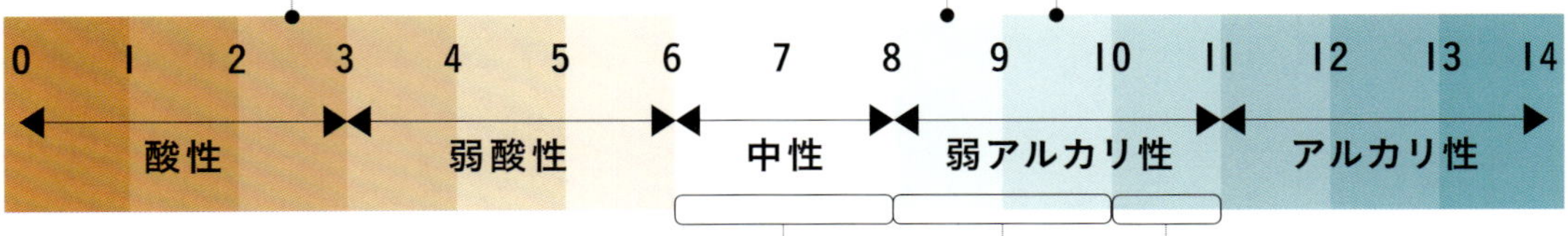

アルコール
・カビ
・油汚れ
・皮脂汚れ
（ほか除菌）

石けん
・食器などの軽い
油汚れ
・衣類の汚れ

過炭酸ナトリウム
・排水口や
洗濯槽の汚れ
・カビ
（ほか漂白・除菌）

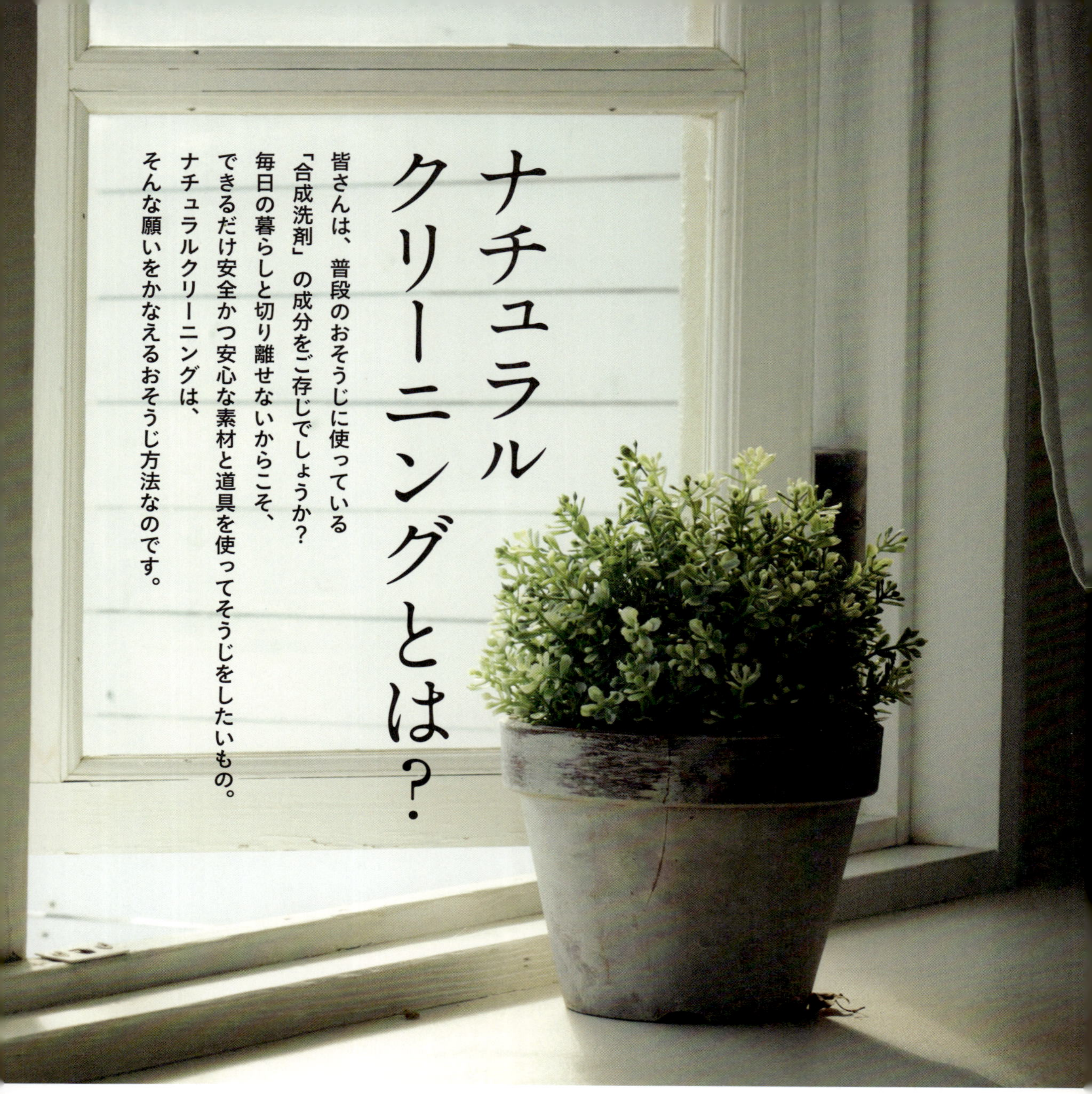

ナチュラルクリーニングとは？

皆さんは、普段のおそうじに使っている「合成洗剤」の成分をご存じでしょうか？
毎日の暮らしと切り離せないからこそ、できるだけ安全かつ安心な素材と道具を使ってそうじをしたいもの。
ナチュラルクリーニングは、そんな願いをかなえるおそうじ方法なのです。

人にも地球にも優しいのに洗浄力も劣らない！

合成洗剤を一切使わないそうじ方法を、「ナチュラルクリーニング」といいます。ナチュラルクリーニングでは、重曹やクエン酸、石けんなど、元々自然界に存在する素材を使って家中をピカピカにできます。

ナチュラルクリーニングで使う洗剤は、食用に使われているものもあるので、環境に優しく、なおかつ手肌に触れても安心です。したがって、浴室など肌に触れる場所でも、多少洗い残しがあってもあまり気にする必要はありません。

ただ、環境に優しい洗剤は合成洗剤より洗浄力は弱いのではないか、という心配もあるでしょう。穏やかな洗剤でも、使い方や道具次第で汚れ落ちがよくなります。ナチュラル洗剤のそれぞれには、得意な汚れと苦手な

ナチュラルクリーニングの3つのメリット

早　手早くキレイに

ナチュラルクリーニングは、丁寧に時間をかけて行うイメージがありますが、汚れに合った洗剤を正しく使えば、さっぱりと手早くキレイになります。

楽　手抜きそうじOK

合成洗剤だとすすぎや拭きとりが必要ですが、ナチュラル洗剤なら、入念なすすぎや拭きとりが不要なのでラクチンです。

安　安心、安全、経済的

食用にも使える重曹をはじめ、ナチュラル洗剤は手肌に触れても安心。また、そうじ場所ごとに洗剤を替える必要がないので経済的です。

汚れがあり、その特性を知ることがナチュラルクリーニングの第一歩です。

本書で取り扱うナチュラルクリーニングの洗剤は、重曹、セスキ炭酸ソーダ、クエン酸、アルコール、過炭酸ナトリウム、そして石けんです。この6種類の洗剤をそれぞれの特性に合う汚れに駆使すれば、たいていの場所はキレイになります。

また、トイレにはトイレ用洗剤など、場所に合わせた洗剤をいちいち買う必要がないので、経済的にもメリットがあります。さらに、用意する洗剤が少なくなるので、家の中がスッキリ片づくでしょう。

エコなうえに、メリットばかりのナチュラルクリーニング。本書で基本を押さえたら、自分のライフスタイルに合う活用法を探してみるのも楽しいかもしれません。

重曹

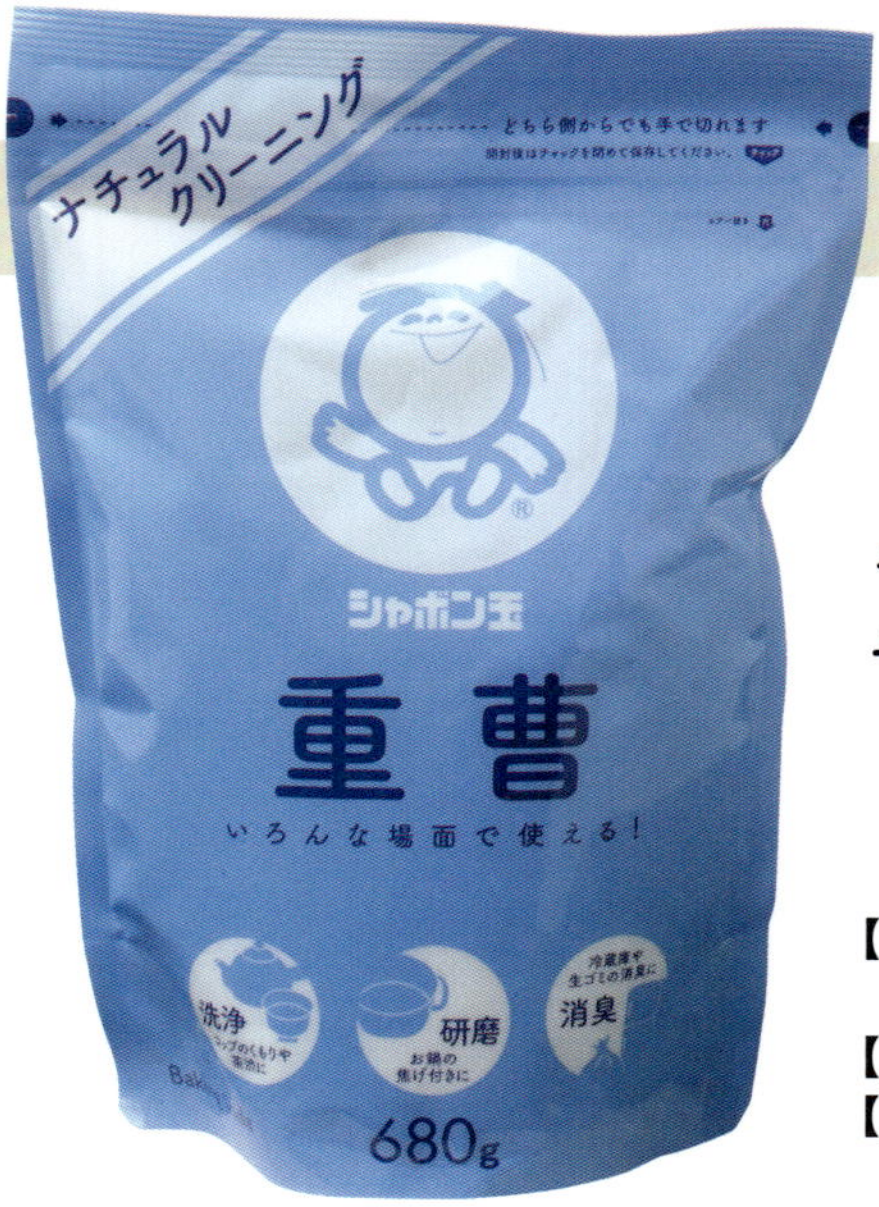

重曹とは？

【一般名】重曹、炭酸水素ナトリウム、
重炭酸ソーダ
【 pH 】8.2
【 性質 】ごく弱いアルカリ性

苦手なこと

✕ 白く、カチカチになった水アカ落とし

✕ 泥汚れ洗い

✕ トイレのアンモニア臭などアルカリ性の消臭

得意なこと

◯ 粒子が細かく、水に溶けにくいのでクレンザーとして使える

◯ 軽い油汚れ落とし

◯ 発泡作用で汚れや茶渋、焦げつきをはがす

◯ 生ゴミなどの酸性物質の臭い消し

注意

・漆器やプラスチックなどの柔らかい素材は傷がつきやすいので、粉末のままではNG（重曹水ならOK）
・畳は変色してしまうのでNG

体にも環境にも優しく幅広く使える

「炭酸水素ナトリウム」「重炭酸ソーダ」とも呼ばれ、弱アルカリ性の洗剤です。膨らし粉など食用にも使われていて安全性が高いこと、もともと、自然界に存在する物質のため使用後も環境への負荷が小さいことなどが魅力です。

　また、濃度さえ気をつければ二度拭きが不要で、ラクができるのもメリット。広範囲のそうじに向いています。

　重曹は、クレンザーの代わりとしてこびりついた汚れやカビなどを落とせます。家の中のほとんどの汚れは酸性であるため、アルカリ性の重曹を使うと中和、分解することができるので効果的です。同様に腐敗臭などのイヤな臭いも酸性なので、臭いの元の汚れを拭きとるのにも効果があります。

　ただし、トイレのアンモニア臭などのアルカリ性の臭い消しには向いていません。

重曹の基本の使い方

重曹水として使う

■ 重曹水の作り方

重曹は水に溶けにくいので、40℃のお湯を1カップ用意し、小さじ1/2の重曹を入れて溶かす。この濃度を守らないと白い粉が出てしまうので注意。1日で使いきる。

コンロ汚れに >>

軽い油はねは重曹水をスプレーし、クロスで拭きとる。

フローリングや窓に >>

フローリングは重曹水を含ませたぞうきんで拭く。窓には重曹水をスプレーし、水切り（スクイージー）で拭きとる。

粉のまま使う

茶渋、焦げつきに >>

コップなどについた茶渋や鍋底の焦げは、重曹の粉末を振りかけ、スポンジなどでこするとよい。

シンクのぬめりに >>

油汚れやぬめりが多いシンクには、重曹をまぶし、クレンザーとして洗う。

保管方法　重曹は湿気を吸うと固まることがあるので、蓋がしっかりと閉まる容器で保管する。容器は冷暗所に置くとよい。

こんな使い方もできます！

歯みがき粉に

研磨作用があるので、歯みがき粉と同じように使える。ただ、みがきすぎると歯や歯茎を傷めるので、優しくみがくのがポイント。

※食用の重曹をご使用ください

入浴剤に

重曹を湯に入れ入浴剤として使える。目安は湯船に重曹1/2カップほど。ただし、肌質には個人差があるので、最初は少なめに。

セスキ炭酸ソーダとは？

【 一般名 】セスキ炭酸ナトリウム
【 pH 】9.8
【 性質 】弱アルカリ性

苦手なこと

✕ クレンザー代わりに使う

✕ 白く、カチカチになった水アカ落とし

✕ 泥汚れ洗い

✕ トイレのアンモニア臭などアルカリ性の消臭

得意なこと

○ 古く固くなった油汚れ落とし

○ キッチンのベタベタとした汚れ落とし

○ 取っ手などの手アカ汚れ落とし

○ 血液による汚れ落とし

注意

・肌が弱い人はゴム手袋を着用する

ナチュラルクリーニング初心者におすすめ

重曹と同じ弱アルカリ性の洗剤ですが、重曹よりもpHが少し高いので洗浄力がより強くなります。重曹と同様に酸性の油や皮脂、手アカなどの汚れを中和・分解し、効果を発揮します。

重曹との大きな違いは、水に溶けやすいという点です。重曹は水に溶けにくいため研磨剤としても使えますが、セスキ炭酸ソーダは向いていません。ただし、水に溶けやすくても、重曹よりも強めのアルカリが残るのは心配なので、使用後はすすぎ、しっかりと拭きとりましょう。

セスキ炭酸ソーダは重曹よりもアルカリが強く汚れを落とす力が強いので、古く固くなった油汚れが得意です。そうじが苦手で、これまでに油汚れをため込んでいる人でも、効果を感じやすいでしょう。

汚れを落とす力が強いぶん、手荒れしやすいので、手袋を着用して使用するのがおすすめです。

セスキ炭酸ソーダの基本の使い方

セスキ水として使う

■ セスキ水の作り方

セスキ炭酸ソーダは水に溶けやすいので、水 1 カップに、小さじ 1/2 のセスキ炭酸ソーダを入れて溶かし、スプレーボトルに入れる。

手アカに >>

階段の手すりやテーブルなど、よく触る部分の手アカを落とすのに最適。

コンロ汚れに >>

コンロ本体や壁などにこびりついた油汚れに、セスキ水をスプレーしてクロスで拭きとる。

粉のまま使う

油汚れに >>

炒め物をして油がたっぷりついたフライパンを洗うとき、セスキ炭酸ソーダを入れてつけ置きすると、すっきり落ちる。

重曹とセスキの違いを知ろう

	重曹	セスキ炭酸ソーダ
アルカリ度	pH 8.2	pH 9.8
得意汚れ	鍋などの焦げつき	油・たんぱく質汚れ
水への溶けやすさ	溶けにくい	溶けやすい
肌への負担	極めて低い	少し注意

クエン酸

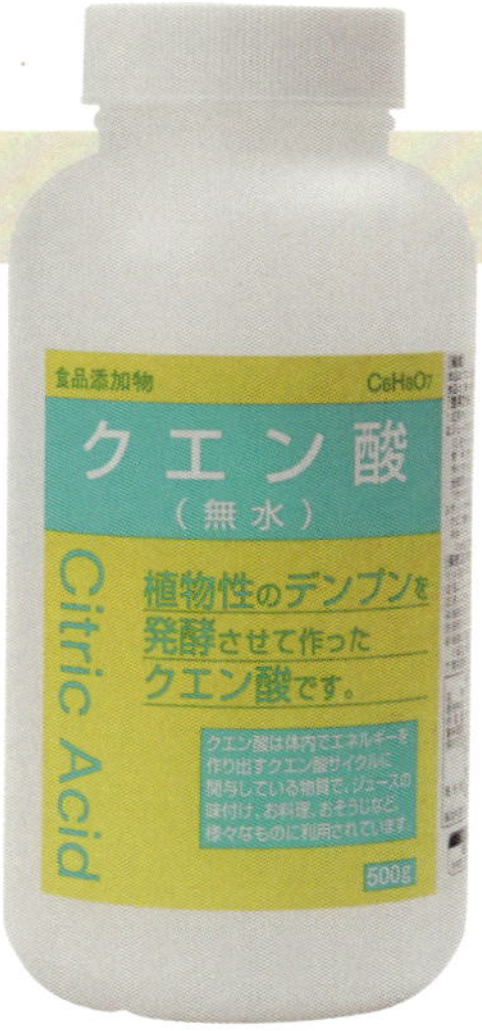

クエン酸とは？

【 一般名 】クエン酸
【 pH 】2.1
【 性質 】酸性

苦手なこと

- ✕ 油・皮脂・手アカ・血液やたんぱく質など
- ✕ 酸性の汚れ落とし
- ✕ 酸性の臭い消し

得意なこと

- ○ 水アカや石けんカスなどアルカリ性の汚れ落とし
- ○ トイレのアンモニア臭や魚、タバコの臭い消し
- ○ ペットのトイレまわりのそうじ
- ○ 石けん洗濯の仕上げ
- ○ 抗菌作用

注意

・塩素系の洗剤と混ぜると有毒ガスが発生するので絶対にNG
・大理石や鉄などの素材に使うのは避ける
・目に入ると強い痛みがあるのですぐ洗い流す

水アカや石けんカスなど水まわりの汚れに酸が効く

クエン酸はその名のとおり、梅干しやかんきつ類の「酸っぱさ」の元である「酸」です。調理用のお酢のような独特の臭いがしないので、そうじ用として大変使いやすい洗剤です。

クエン酸は酸性の洗剤なので、アルカリ性の汚れや臭いに強く、シンクなどの水まわりに発生する水アカや石けんカス、トイレのアンモニア臭やタバコの臭い消しなどに効果的です。電気ケトルの底にできる白い水アカも落とせます（41ページ参照）。

そうじ以外にも石けんシャンプーの後のリンスとして使われるなど、使い方はさまざまです。ただ、油やたんぱく質など酸性の汚れや臭いには効きません。アルカリ性の重曹などを使ったほうがよいでしょう。また、クエン酸は酸が強いので、残っていると金属がさびたり傷めたりする可能性があります。使用後はしっかり洗い流すようにしてください。

クエン酸の基本の使い方

クエン酸水として使う

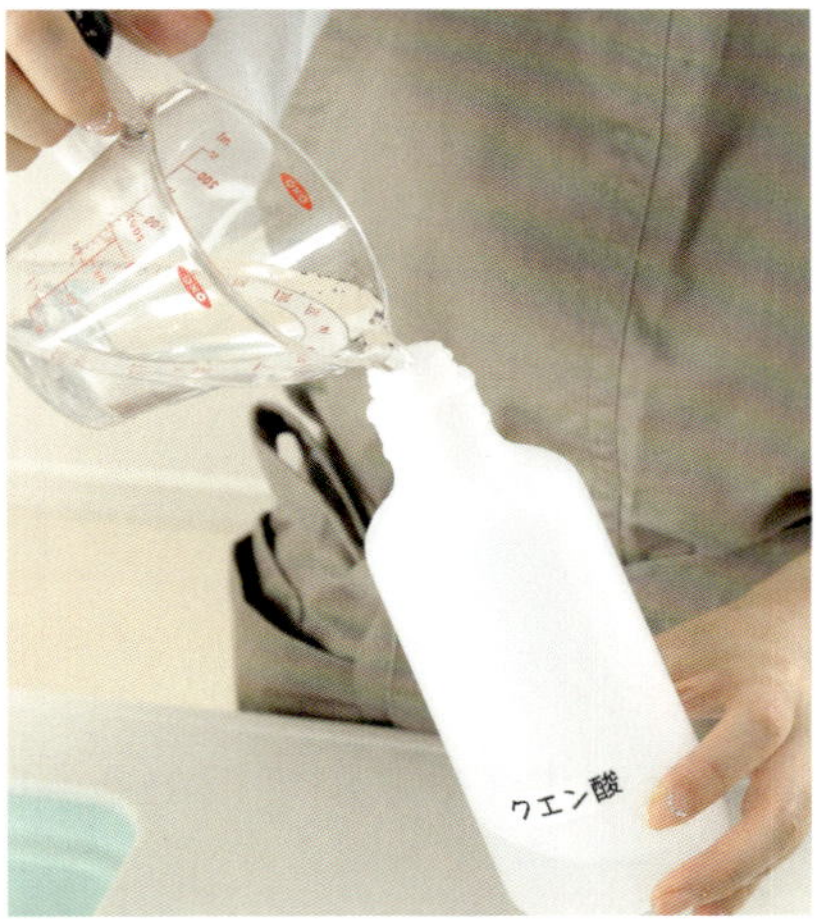

■ クエン酸水の作り方

クエン酸は重曹と違って簡単に水に溶ける。水1カップに対してクエン酸は小さじ1/2。水に入れて混ぜ、溶かしたら完成。2～3週間で使いきる。

石けんカスに >>

洗面台の水まわりに発生する水アカや石けんカスにもクエン酸が効く。

水アカの撃退に >>

水アカで白くなってしまう前に。ただし、サビ予防に拭き上げが必要。

粉のまま使う

食洗機の洗浄に >>

専用の洗剤を使わなくても、クエン酸を入れることで水アカが落ちる。

パイプクリーニングに >>

排水口の流れが悪くなってきたら、パイプそうじ。重曹を振りかけ、湯に粉末のクエン酸を溶いて流し、泡の力で詰まりを解消させる。

クエン酸を使ってはいけない素材に注意を

大理石の主成分は炭酸カルシウムなので酸で溶かしてしまいます。また、鉄はさびやすくなるので避けましょう。

お酢とクエン酸には違いがある

お酢と違って刺激臭がしません。また、お酢と同様、酸はサビの原因になるので、使用後はすすぎや水拭きをします。

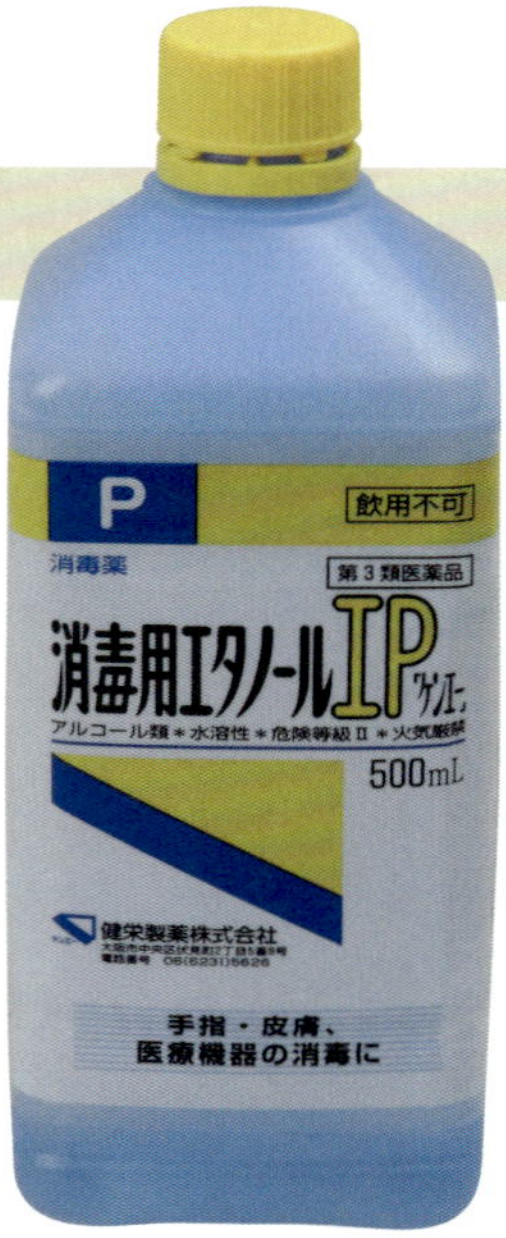

アルコールとは？

【一般名】エタノール、エチルアルコール
【 pH 】７程度
【 性質 】中性

苦手なこと

- ✕ 衣類の汚れ落としなどの日常的な洗濯
- ✕ ニスやワックスを塗装した家具への使用
- ✕ 広い部屋のそうじ

得意なこと

- ○ カビが生えやすい場所のそうじ
- ○ 水が故障につながる家電製品、コンセントまわりのそうじ
- ○ 油汚れや皮脂汚れ落とし

注意

・引火性があるので、火気を近づけると危険
・揮発性が高いので、使用するときは換気を忘れずに
・頻繁に使うと手が荒れるので、ゴム手袋を着用する

水の使えない場所などをしっかり殺菌しよう

お酒と同じアルコールが使われているので、安心して幅広く使うことができます。揮発性があるので後に残らず、重曹同様、二度拭きの必要がありません。

アルコールには水分をほぼ含まない「無水エタノール」と薬局などで一般的に売られている「消毒用エタノール」があります。無水エタノールは比較的高価なので、消毒用のほうがおすすめです。

医療の現場で広く使われるほど、殺菌、消毒作用が高く、アルコールは身のまわりのものを広く除菌できます。また、揮発性があるので、水が故障の原因となる場所でのそうじに有効です。家電の手入れやコンセントまわりなどのほか、カビが生えやすい押し入れなどに使うとよいでしょう。溶解作用により油を溶かすので、手アカ、皮脂、食品による油汚れなどの拭きそうじにおすすめです。

アルコールの基本の使い方

アルコール水として使う

■ アルコール水の作り方

水 110mℓにアルコール 90mℓを入れて、合わせて 200mℓになるようにする。先にアルコールを入れると容器が傷むので、必ず水を入れてからにする。混ぜたらスプレーボトルに入れる。

防カビに >>

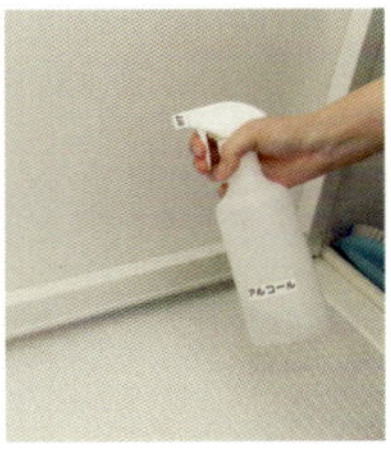

風呂場は重曹で汚れを落とし、乾いてからアルコール水をひと吹きするとよい。

畳の手入れに >>

畳は水が使えないので、固く絞ったぞうきんにアルコール水をかけて拭く。

家電製品に >>

冷蔵庫などのキッチン家電、テレビのリモコンやパソコンなど、たいていの電化製品はアルコール水を吹きかけたクロスで拭く。

水の使えない場所に >>

押し入れは湿気が多くカビが発生しやすいので、水が使えない。乾いたぞうきんにアルコール水をかけて拭く。

手肌で使うときは気をつけて

素肌で使うと、皮脂が奪われて肌荒れしやすいので、手袋を着用するようにしましょう。

アルコールを使えない素材に注意して

ニスで塗装した家具やワックスがけした床に使うと、ニスやワックスがはがれてしまうことがあります。

過炭酸ナトリウム

過炭酸ナトリウムとは？

【一般名】過炭酸ナトリウム、過炭酸ソーダ
【 pH 】10～11
【 性質 】弱アルカリ性

苦手なこと

- ✕ ウールや絹などの漂白
- ✕ 色落ちしやすい衣類の洗濯や漂白
- ✕ 畳、アルミのそうじ

得意なこと

- ○ 衣類や食器の漂白
- ○ 排水口や洗濯槽などを発泡力を利用してそうじする
- ○ 洗濯物の除菌や臭い汚れ落とし
- ○ 油汚れ
- ○ 鍋などの焦げつき落とし

注意

・草木染めやウールなどの素材には使えない
・手荒れする危険性があるので、ゴム手袋を着用する

発泡作用で汚れを落とす

炭酸ナトリウム（炭酸ソーダ）と過酸化水素を2対3の割合で混ぜ合わせた物質で、店頭では「酸素系漂白剤」という名前でよく売られています。その名のとおり、衣類や食器の漂白には大変有効です。

また、アルカリ度が高いため、強い洗浄力があり、油汚れに有効です。つけ置くだけで、除菌・漂白の作用もあります。

特に力を発揮するのが洗濯槽のそうじで、湯とともに入れておくとごっそりと汚れがとれます。

それ以外にも酸化力があるため、除菌や消臭剤としても利用することができます。洗濯や漂白のほか、シミ抜きに使います。ただしウールは素材を傷めてしまうためNGです。アルカリ度が高い分、肌が弱い人は使うときにゴム手袋を着用したほうが安心です。万が一、目や口に入ったら、すぐに水で洗い流しましょう。

過炭酸ナトリウムの基本の使い方

粉のまま使う

シャワーホースのカビに >>

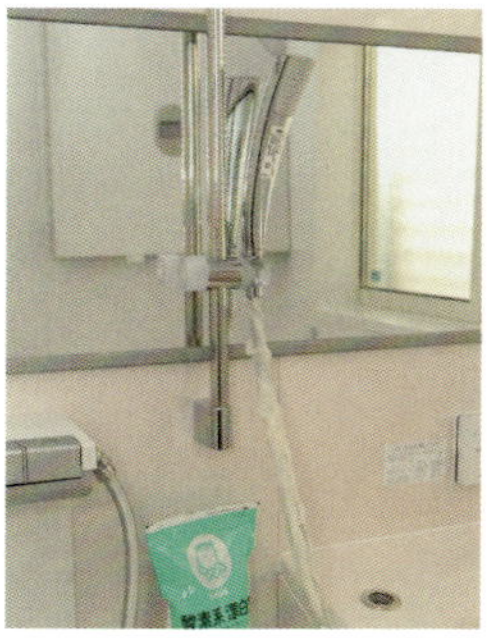

シャワーホースのカビには過炭酸ナトリウムパックが効果的（58ページ参照）。

洗濯槽に >>

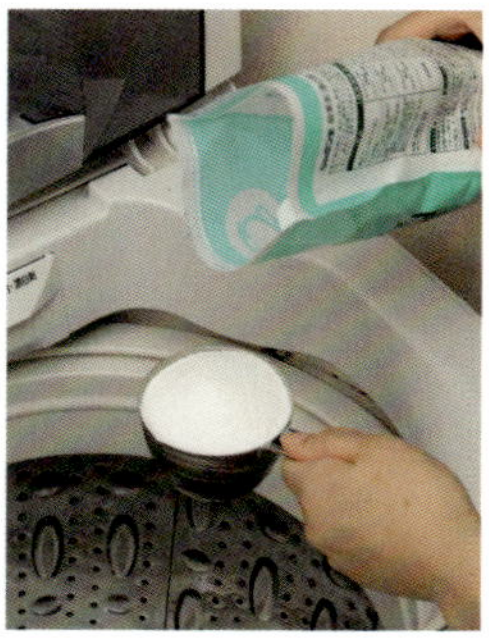

過炭酸ナトリウムを2カップ入れ、50～60℃の湯を最大量入れる。

換気扇や五徳のつけ置きに >>

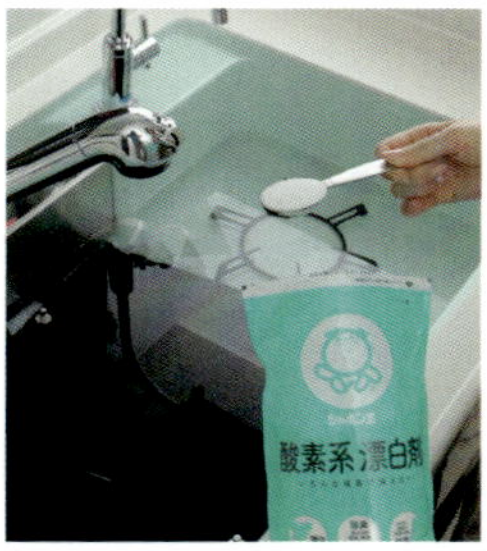

60℃くらいの熱湯をためる。中にコンロと大さじ1の過炭酸ナトリウムを入れる。

排水口に >>

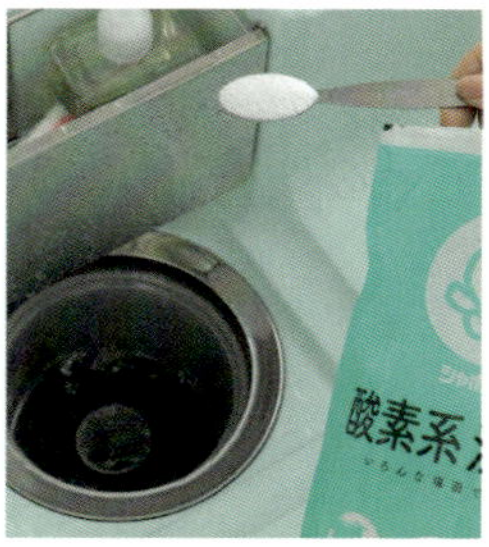

排水口をふさいで過炭酸ナトリウムを小さじ1入れる。熱湯を注いで冷めるまでそのまま置く。

保管方法　過炭酸ナトリウムは水分と反応すると炭酸ソーダになってしまい、漂白力を失います。水気を避けて保管しましょう。また、長期間完全な密閉状態で保管すると、過酸化水素によって容器が変形したり、破損したりする可能性がまれにあります。市販品は通気性のある袋に入っているので心配いりません。

衣類の洗濯や漂白にも

木綿や麻、化学繊維などアルカリに強い繊維の衣類の洗濯と漂白ができます。
ただし、色落ちしやすい衣類や、ウール、絹、たんぱく質の繊維、
木製の飾りやボタンがついたものには使えません。

石けん

石けんとは？

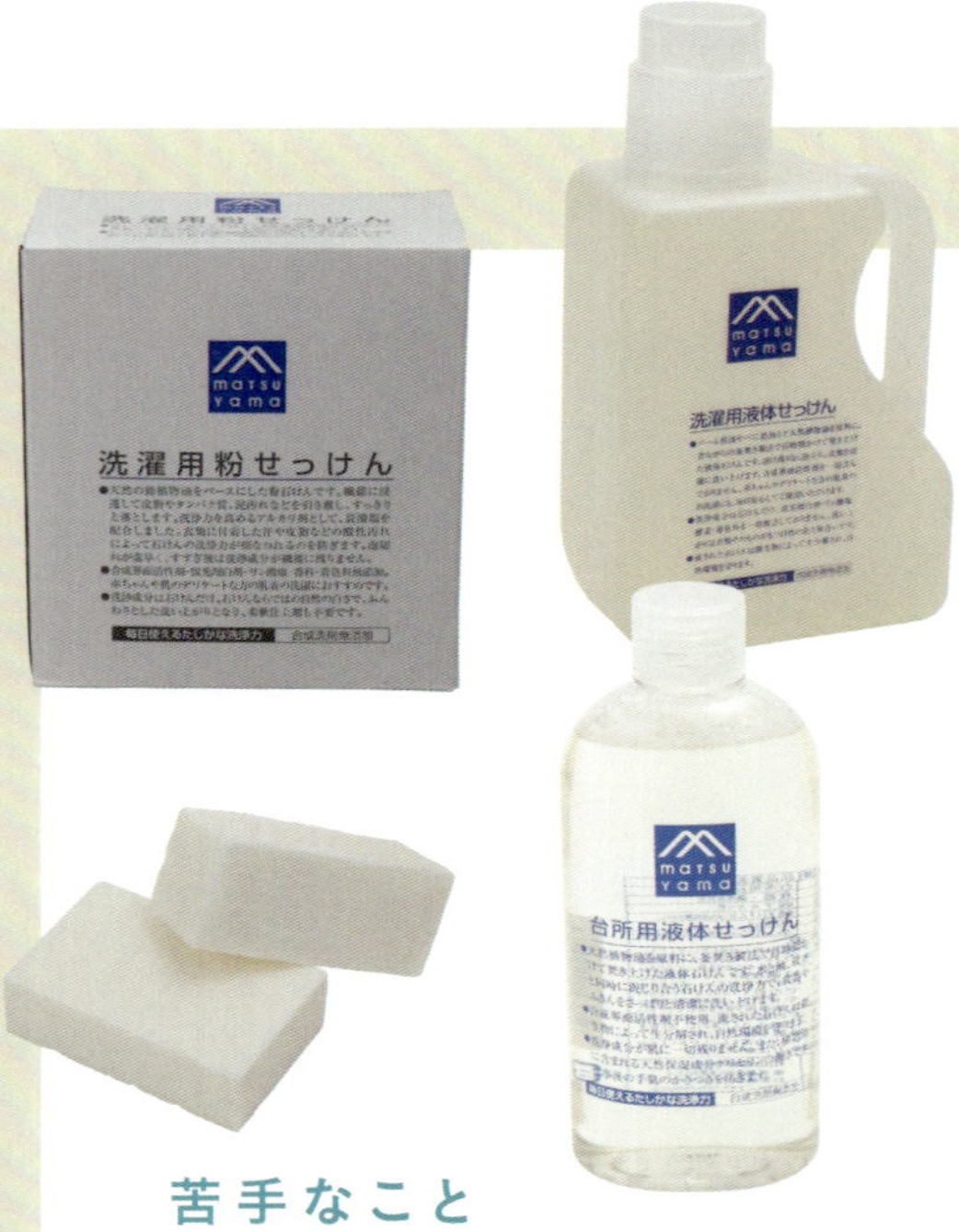

【 一般名 】石けん
【 pH 】8 〜 10
【 性質 】弱アルカリ性

苦手なこと

✕ 酸性の汚れがついた食器洗い
✕ ためすすぎ

得意なこと

◯ 食器洗い
◯ ダウンコートの袖口の黒ずみなど大物の洗濯

泡で汚れを落とす！頼れるナチュラル洗剤

石けんは、天然の油脂とアルカリというシンプルな原料でつくられています。

石油由来の界面活性剤でつくられる合成洗剤とを見分けるコツは、純石けんの原料名には「脂肪酸ナトリウム（カリウム）」と書かれています。

石けんは油からできているため、油に戻る性質があります。キッチンや風呂場など水ですすげる場所で使うとよいでしょう。

衣類や食器などに >>

衣類につく汚れ落としや、食後の食器洗いに。

合成洗剤より洗浄力が弱い？

石けんには合成洗剤と同じくらいの洗浄力があります。酸性の汚れ（食器についたソースなど）を落とすのが得意ですが使用を最少にするために、事前にある程度落としてから洗います。

おすすめ！

ナチュラル洗剤

手肌にも環境にも優しい、
安心して使える洗剤類を販売しているメーカーを厳選して紹介します。
ぜひ、選ぶときの参考にしてみてください。

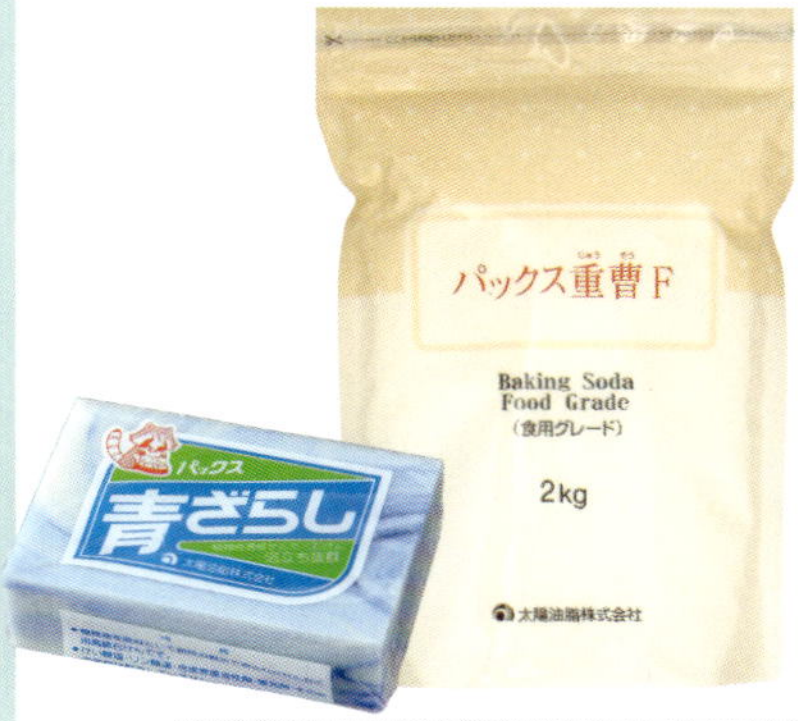

普段のそうじに愛用したい

太陽油脂

「未来の子どもたちと地球環境のために」をモットーに、天然の素材にこだわった商品ラインナップ。問：0120-894-776

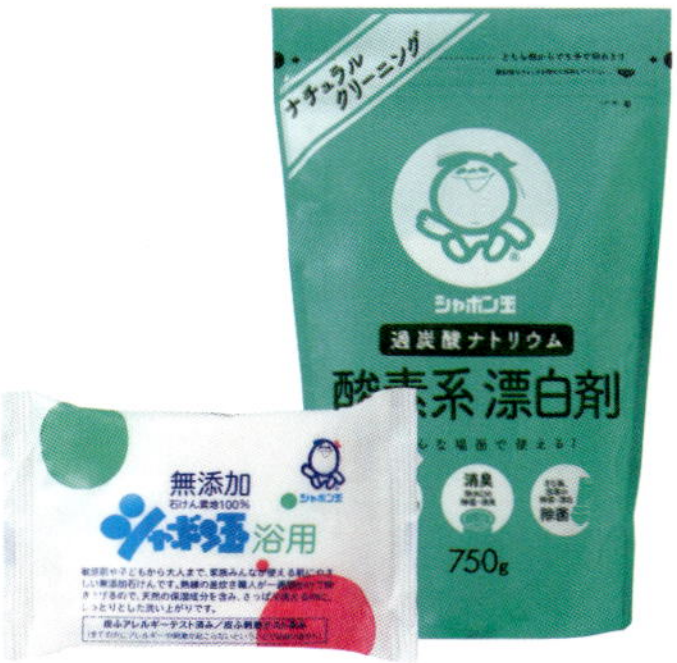

小さな子どもがいても安心して使える

シャボン玉石けん

1974 年から無添加石けんを製造・販売。肌にも環境にもやさしく、家族みんなで使える。問：0120-4800-95

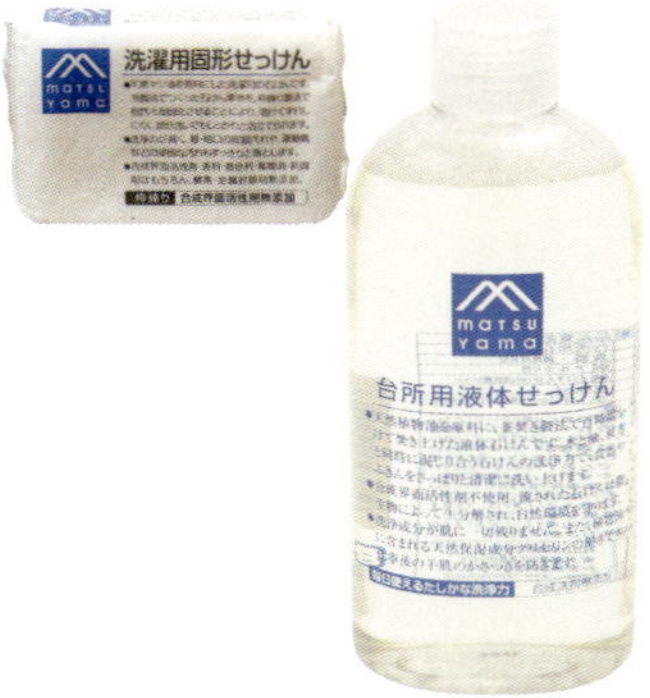

昔ながらの製法で100時間かけてつくる石けん

松山油脂

釜焚き製法の石けんをはじめとして、安全性が高く、自然環境にも配慮したモノづくりを大切にしている。問：0120-800-642

天然素材を用いた商品で肌にやさしい

SARAYA アラウ. シリーズ

ヤシ油とパーム油から精製された無添加石けんを使用した「アラウ・シリーズ」。うるおい植物エキス配合で手肌にもやさしい。問：0120-40-3636

まずそろえたい！ おそうじ 7つの道具

1

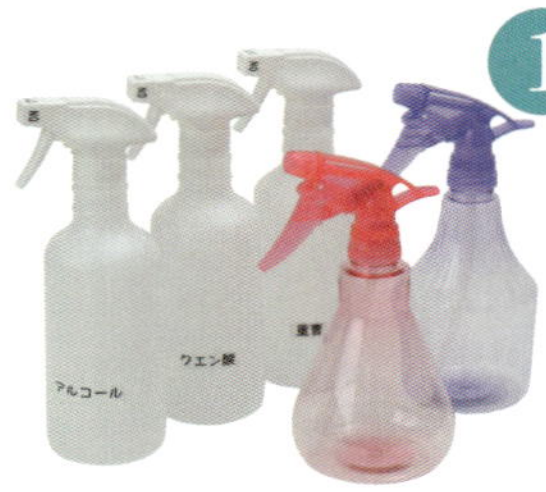

スプレーボトル

スプレーしやすいトリガータイプがおすすめ。洗剤が入れられる素材を選ぶ。見分けがつくよう、種類に合わせて名称のラベルを貼ったり色を変えたりするとわかりやすい。

2

ブラシ

便器や風呂場の床などをこすり洗いするときに使う。便器そうじに使う場合は、ブラシの柄が長いものを選んだほうがよい。

3

マイクロファイバークロス

一般的なぞうきんよりも、極細の化学繊維でつくられているので、細かいゴミもとりこぼさない。仕上げ拭きにおすすめ。

4

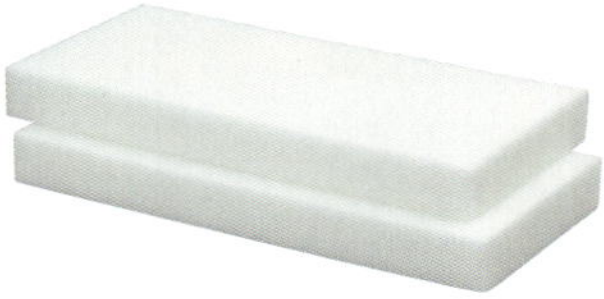

メラミンスポンジ

メラミン樹脂製のスポンジのこと。洗剤なしの水だけで汚れが落ちるのが特徴。主にシンクなどの水まわりのそうじに使う。

5

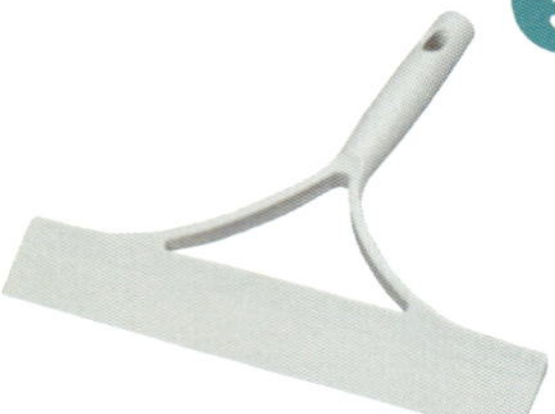

水切り

スクイージーともいう。窓ガラスや風呂場のそうじに使う道具で、水分や汚れをキレイに拭きとることができる。

6

ラップ

おそうじでは、排水口のそうじで水をせき止めるときに使う便利なアイテムに。乾燥の早い季節にはキッチンペーパーで行うクエン酸パックなどの代わりにもなる。

7

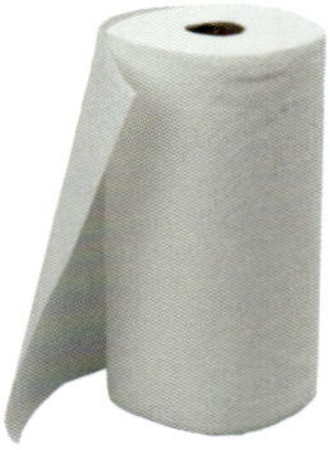

キッチンペーパー

キッチンでの用途はさまざまだが、おそうじでは水アカを落とすためのクエン酸パックや、水気を拭きとるためなどに使う。

手ぼうき＆ちりとり

ちょっとしたそうじに最適な手持ちのほうきとちりとりのセット。おそうじではカーペットのそうじなどに使う。

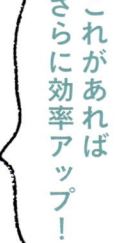

サンドペーパー（紙やすり）

研磨加工する際に使われる工具。おそうじでは主に、風呂場の鏡の水アカをとるのに使う。耐水性のものがおすすめ。

アクリルたわし

アクリル100％でできている。洗剤なしで洗浄でき、薄手のものだと乾きが早くて清潔。

これがあれば
さらに効率アップ！

便利な道具

細かな汚れや、こびりつきなどに役立つアイテムもそろえておくと安心。

細いブラシ

風呂場のタイルの目地やドアのサッシなど細かいところに使うブラシ。換気扇のフィルターなどにも。

割り箸

サッシの隅やタイルの目地など、細かいところをそうじするのに使う。クロスなどでくるんで使う。

バケツ

大そうじの際に、重曹水をたくさんつくるのに重宝する。ベランダそうじで、広範囲に水をまくのに使うことも。

洗濯用ブラシ

服の襟や袖など汚れやすい部分を洗うときに使用する。握りやすいものを選ぶとよい。

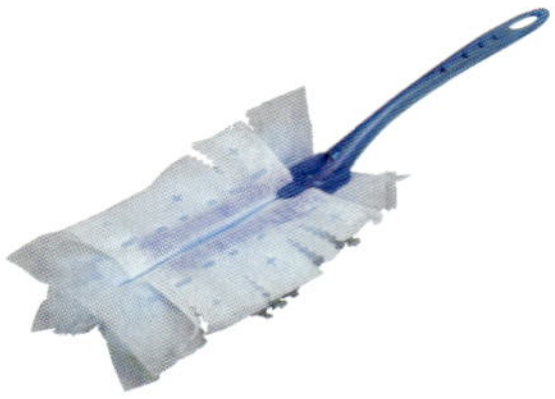

ワイパー

食器棚や本棚などの普段そうじに。隙間のたまったほこりをとるのに便利なアイテム。

ヘラ

もんじゃ焼き用のヘラ。割り箸と同様にクロスに包んでこすり、汚れを落とす。

こんな
便利アイテムも！

超極細のブラシがついており、転がすことで繊維の奥の汚れをしっかりかき出す。
／ローラー式洗濯ブラシ

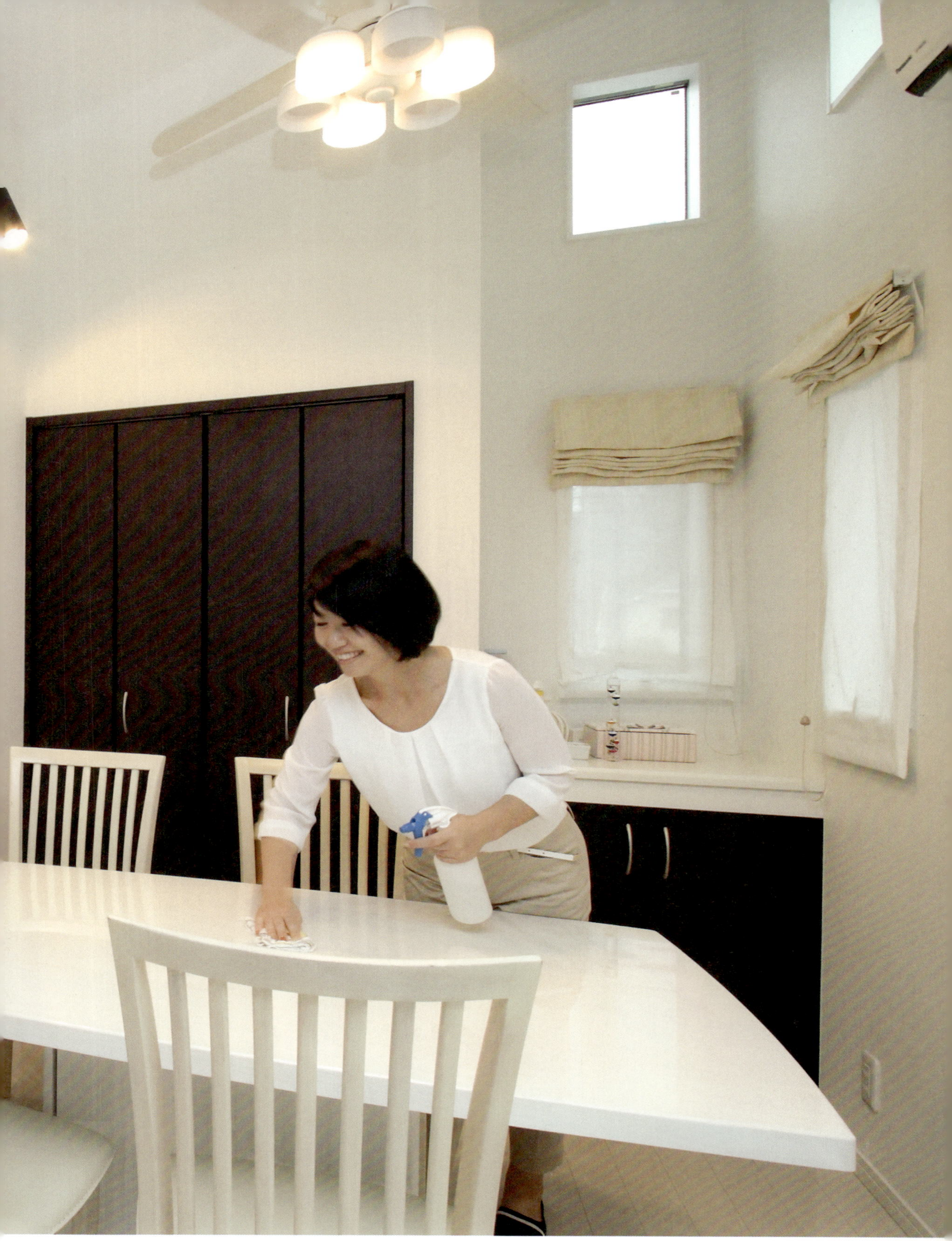

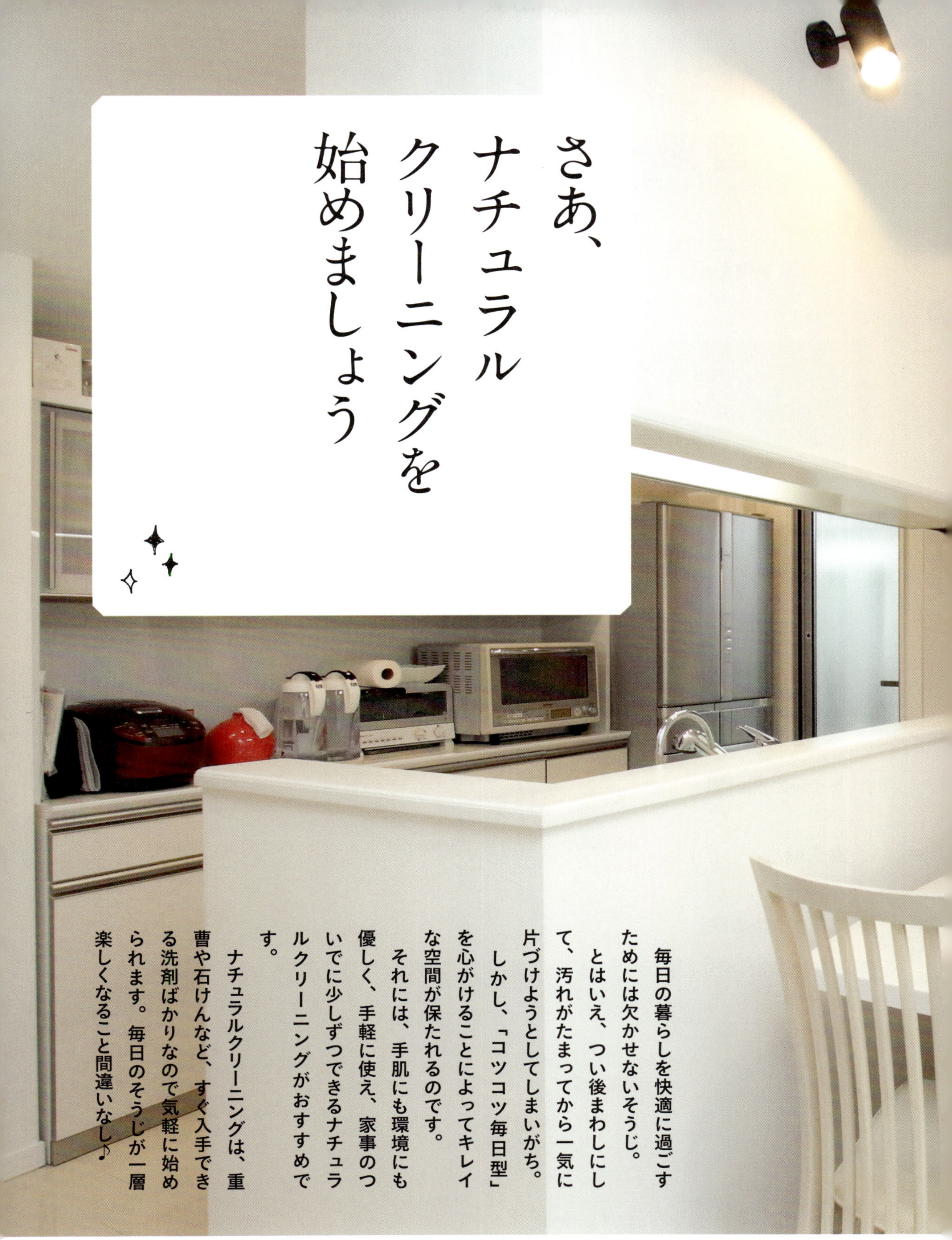

さあ、ナチュラルクリーニングを始めましょう

毎日の暮らしを快適に過ごすためには欠かせないそうじ。とはいえ、つい後まわしにして、汚れがたまってから一気に片づけようとしてしまいがち。しかし、「コツコツ毎日型」を心がけることによってキレイな空間が保たれるのです。それには、手肌にも環境にも優しく、手軽に使え、家事のついでに少しずつできるナチュラルクリーニングがおすすめです。

ナチュラルクリーニングは、重曹や石けんなど、すぐ入手できる洗剤ばかりなので気軽に始められます。毎日のそうじが一層楽しくなること間違いなし♪

コツコツ 普段そうじ & しっかり 大そうじ

そうじの基本は「汚れをためないこと」。
ここでは、毎日の家事にひと手間加えるだけの「普段そうじ」と
時間をかけてしっかりと行う「大そうじ」を場所・もの別に紹介します。

水アカ汚れ

水のミネラル成分が残り、
時間とともに積み重なってできる汚れ。

場所・もの	普段そうじ	大そうじ
風呂場の小物	入浴後はシャンプーや石けんなどを水でしっかり洗い流し、乾かす。	浴槽に湯を張り、風呂小物を入れて過炭酸ナトリウムを入れてつけ置きする。
風呂場の鏡	こまめにぞうきんで乾拭きしたり、スクイージーで拭きとる。	「クエン酸パック」（31ページ参照）で水アカを緩ませ、スポンジでこする。とれなければ、紙やすりで落とす。
シンク	洗い物のあと、重曹でみがき、しっかり洗い流す。仕上げにぞうきんで水気を拭きとる。	蛇口などに水アカがこびりついたら「クエン酸パック」を行う（31ページ参照）。
洗面台	粉末の重曹を振りかけ、スポンジでこすり洗いして水で流し、拭きとる。	蛇口を含めて全体をクエン酸水をスプレーしてすすぎ、ぞうきんで拭きとる。
トイレの洗い場	水滴が残らないようにこまめに乾いたぞうきんで拭きあげる。	全体をクエン酸水でスプレーしてすすぎ、乾いたぞうきんでしっかりと拭き、水分を残さないようにする。
食洗機	食洗機の中のかごをすべて取り外し、重曹や石けんで洗う。	食洗機を空の状態にし、小さじ1のクエン酸を入れて洗浄する。
電気ケトルの底	水拭き、または絞ったクロスにアルコール水をスプレーし、拭きとる。	ケトルの中に水を適量入れ、クエン酸を小さじ1加える。スイッチを入れて湯を沸かす。

油汚れ

主にキッチンまわりにできる。
放置すると落としにくくなるので注意を。

場所・もの	普段そうじ	大そうじ
コンロ	五徳を外し、食器を洗うようにこまめに洗う。コンロ本体は重曹水で拭きとる。	鍋に水と五徳を入れて過炭酸ナトリウムで煮洗いする。または、シンクに湯を張ってつけ置き（34〜35ページ参照）。
オーブントースター	使うたびに重曹水で拭きとり、こびりつき防止。揚げ物を温めるときは特に油が落ちるので注意。	網など取り外せるものは、重曹パックでつけ置きし、粉末の重曹で汚れをこすり落とす（41ページ参照）。

電子レンジ	温めていたもので汚れが飛び散ったら、そのつど重曹水とふきんで拭く。	重曹水を含ませたふきんを中に入れ、30～60秒ほど加熱する（40ページ参照）。
フローリング	ほこりは水拭き、油汚れはアルコール水で拭きとる。ワックスがけした場合は、はがれる可能性があるので重曹水を使う。	四隅や溝など、ぞうきんで拭きとるのが難しい場合は、割り箸やヘラを重曹水ぞうきんで包んで落とす。
ダイニングテーブル	食事の前後に、水拭き。アルコール水をスプレーして拭きとったほうが除菌もできる。	べたつきがひどいなら、重曹水をスプレー。それでも落ちない場合は、粉末の重曹でこすり落とす。

こびりつき

鍋やフライパンなどの焦げつきや、時間が経った油汚れなど、がんこな汚れ。

場所・もの	普段そうじ	大そうじ
鍋などの焦げつき	中身を水で洗い流し、水を張って重曹を大さじ1～2入れる。火にかけ、沸騰したらすぐ火を止める。	より大きな鍋に入れて煮洗いする。または、シンクに湯を張ってつけ置きする（35ページ参照）。
換気扇	換気扇のフードは油がはねていることがあるので、気がついたときに重曹水ぞうきんで拭きとる。	フードは重曹パックで汚れを浮かして拭きとる。フィルターは過炭酸ナトリウムでつけ置きする（37ページ参照）。
食器の茶渋	メラミンスポンジでこすり洗いする。または、重曹をかけ、こすり洗いする。	中まで手が届かない容器の場合は、過炭酸ナトリウムで漂白、除菌する（73ページ参照）。

ほこり

部屋の隅や家具にたまるほこりは、放置するとダニの発生や悪臭の原因に。

場所・もの	普段そうじ	大そうじ
食器棚	ワイパーを使い、こまめにほこりを拭きとる。普段は食器は収めたままでよい。	食器をすべて出し、固く絞った重曹水ふきんで拭きとる。水気が乾いてから食器を戻す。
エアコン	フィルター部分にほこりがたまりやすいので、こまめにそうじ機で吸いとる。	フィルターを取り出し、水で洗い流す。液体石けんとスポンジでこすり洗い、アルコール水を吹きかけて干す。
タンスの上	こまめに、はたきではたいたり、そうじ機で吸いとったりする。	拭きとるのが難しい場合は、紙を敷いておき、大そうじのタイミングで交換する。

カビ

一度繁殖するとなかなか落とせない雑菌。20℃以上の温度、水分、エサとなる汚れを断って防止を。

場所・もの	普段そうじ	大そうじ
風呂場のドア	ゴムのパッキン部分はカビが生えやすいので注意。毎日ぞうきんで乾拭きし、アルコール水をスプレーする。	溝の部分を重曹と細いブラシでこすり洗いする。乾いたぞうきんで拭きとり、アルコール水をスプレーする。

カビ

場所・もの	普段そうじ	大そうじ
風呂場の床	重曹をまき、ブラシでこすり洗いする。スクイージーをかけて水気を残さないようにする。カビには「過炭酸ナトリウムパック」。	床に残った水アカには、「クエン酸パック」(31 ページ参照) をする。
窓	結露しやすい部分は、アルコール水をスプレーしてぞうきんで拭きとる。	普段そうじに加え、外側の窓も油汚れがついているので、重曹水を吹きかけてスクイージーで拭きとる。

手アカ

体から出る脂などの汚れ。
家電製品、階段の手すりなど毎日手で触れる場所に付着している。

場所・もの	普段そうじ	大そうじ
テレビ	静電気が起こるのでほこりが付着しやすい。はたきなどでこまめにほこりをとる。	触ったあとが気になる場合は、アルコール水を乾いたぞうきんにスプレーして全体を拭きあげる。
階段の手すり	ぞうきんで乾拭きし、ほこりをとる。	固く絞ったクロスにアルコール水をスプレーし、拭きとる。
リモコン・キーボード	はたきではたいたり、そうじ機の先をブラシにとり替えたりして、ほこりを除去する。	アルコール水をスプレーした乾いたぞうきんで拭きとる。細かい部分はアルコール水を含ませた綿棒を使う。

尿はね汚れ

トイレの尿は思っている以上に広範囲に飛び散る。
酸性だが、時間が経つとアルカリ性の汚れに。

場所・もの	普段そうじ	大そうじ
便	アルコール水をスプレーし、ぞうきんで便器全体を拭きとる。	時間が経った尿はアンモニアになるので、クエン酸水で拭きとる。便器の溝には「クエン酸パック」を (63 ページ参照)。
トイレの床や壁	アルコール水をスプレーしたぞうきんで拭きとる。	クエン酸水をスプレーし、ぞうきんで拭く。狭く手の届かない場所はブラシの持ち手をぞうきんで包み、こすり落とす。

イヤな臭い

リビングの生活臭やキッチンの腐敗臭など。
場所に応じて原因を突きとめて消臭する。

場所・もの	普段そうじ	大そうじ
腐敗臭	生ゴミを捨てるときに水気をしっかり拭きとる。三角コーナーの汚れは重曹でこすり洗いする。	三角コーナーからイヤな臭いがしたら、過炭酸ナトリウムで漂白する。併せて除菌もできる。
トイレの臭い	床や壁に飛び散った尿が臭いの原因。使うたびにアルコール水をスプレーし、臭いを除去する。	尿がこびりつくとアンモニアになるので、クエン酸水をスプレーし、全体を拭きとる。
生活臭	特にカーテンは生活臭を吸いとる。臭いが気になるなら、重曹水をスプレーするとよい。	カーテンなどの布製品は丸洗いできるなら、洗濯機で洗ってしまうのが一番効果的。

キレイを維持するコツ

毎日ピカピカな家で過ごすにはどうしたらいいのでしょう。
毎日のちょっとしたコツを覚えることで、「キレイ」は維持できるのです！

コツ1 極力、道具や洗剤を増やさない

なるべく洗剤に頼らずに、汚れ落ちのよい道具をそろえましょう。ただし、闇雲に買うのではなく、厳選したほうが部屋がスッキリします。また、ものが多いことが部屋の汚れに直結することも。ものの数を減らすと、そうじがしやすくなります。

コツ2 毎日の家事のついでにそうじする

毎日そうじするのは気が重くても、家事のついでに行えば重労働ではないはず。洗い物の後にシンクをひと拭きするなど、ひと手間加えるだけで毎日キレイを保つことができます。毎日の積み重ねが大切です。

コツ3 部屋ごとにそうじグッズを置く

目についたときにすぐそうじができるよう、部屋ごとにそれぞれのそうじアイテムを用意しておきます（22～23ページ参照）。ナチュラルクリーニングでは、使う洗剤の容器を自由に選べるので、部屋のインテリアに合わせて容器を選ぶと収納するのも楽しくなります。

コツ4 毎日短時間でもそうじをする

少しでも構わないので、毎日そうじをし、習慣化しましょう。「洗面台」「キッチンの排水口」など項目ごとに、そうじにかかる時間を記録してみてください。終わる時間がわかっていると、そうじに手をつけやすくなります。

コツ5 段どりを決めて効率よく

そうじは基本的に「上から下へ、奥から手前へ」というのがルール。床と天井のときは天井を先にそうじします。また、奥から手前へ動かせば隅に汚れがたまることはありません。

**コンロまわりには調理時の油汚れ、
シンクにはぬめりが。
日々汚れやすいキッチンを
清潔に保ちましょう。**

キッチンまわり

シンク

シンクの主な汚れは水アカや食品による汚れ、油汚れ。クエン酸は水アカの原因である炭酸カルシウムを落とすはたらきがあるため、水まわりそうじの必需品です。

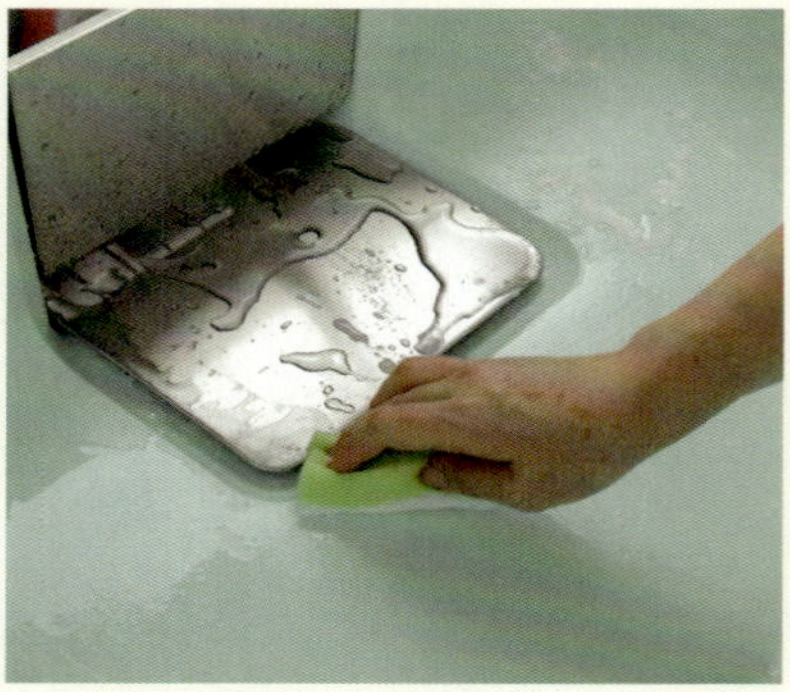

1

シンクに重曹の粉末をまいて、拭きとるようにスポンジでみがく。しっかり洗い流す。

2

残った水アカにクエン酸水をスプレーする。

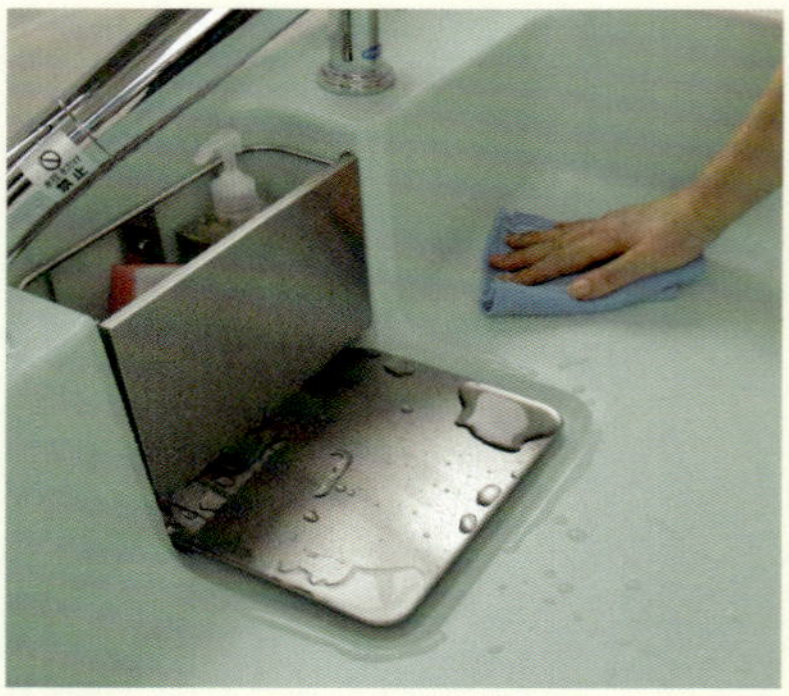

3

ぞうきんで水気を拭きとる。

＼おそうじDATA／

汚れと解決策

水アカに

食品汚れ・油汚れに

＼ココがpoint！／

水気はしっかり拭いて！

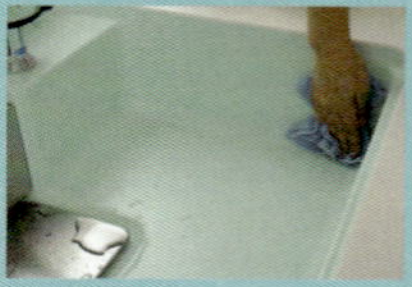

最後にぞうきんでしっかりと乾拭きしましょう。水気が残っていると、そこから水アカができてしまいます。端のほうも忘れずに拭いて。

蛇口

主な汚れは水アカ。ついたばかりの汚れならクエン酸スプレーで拭きあげればOKですが、落ちにくい場合は「クエン酸パック」を。

1

蛇口全体にクエン酸水をスプレーする。

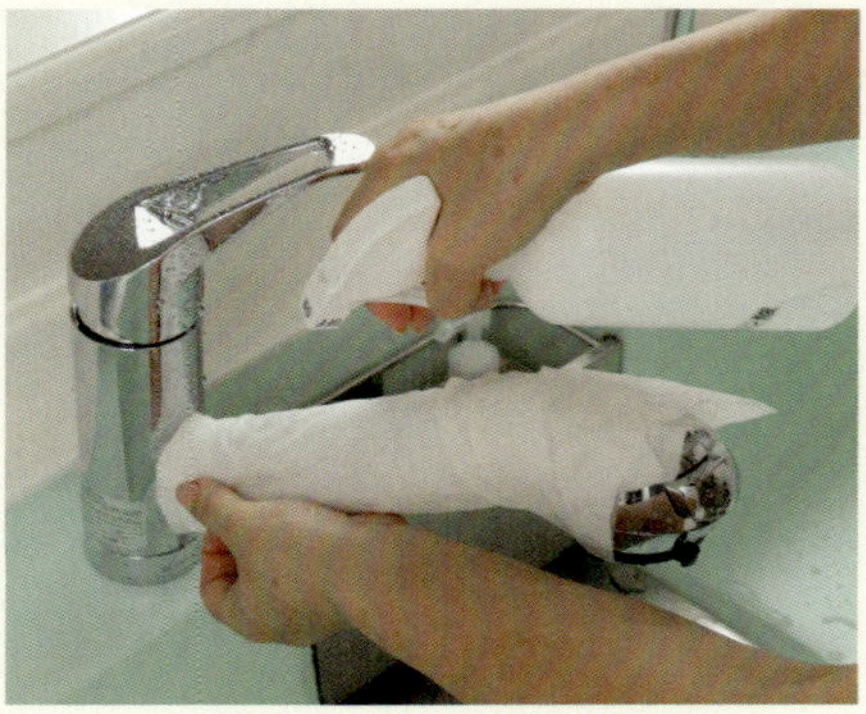

2

キッチンペーパーで包み、もう一度クエン酸水をスプレーし定着させる。

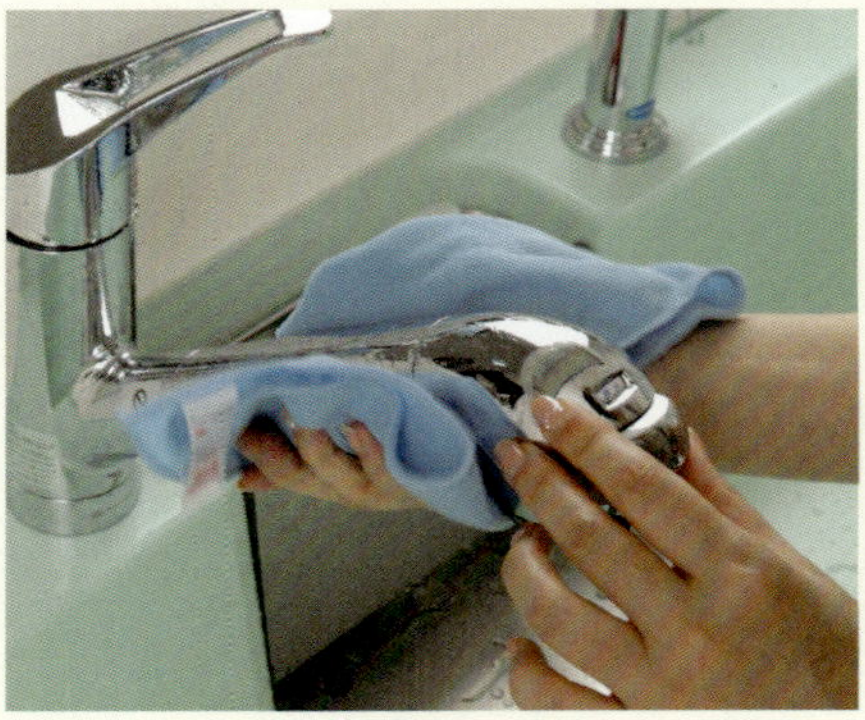

3

5分ほどおいたらキッチンペーパーをはがし、水に浸して絞ったぞうきんで拭きとる。

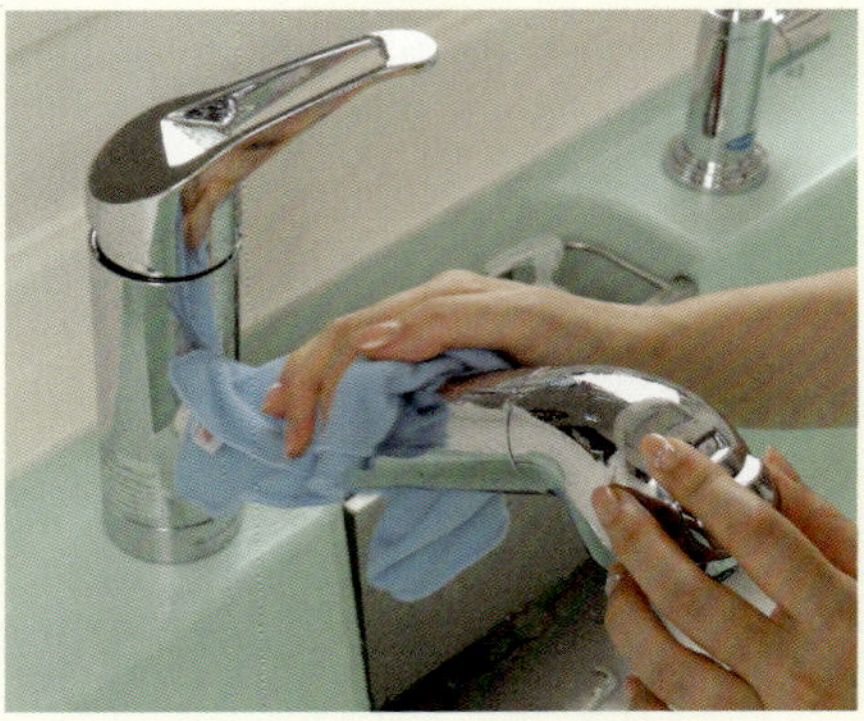

4

さらに、乾いたクロスでしっかりと水気が残らないように再度拭きあげる。

＼おそうじDATA／

汚れと解決策

水アカに

▼

＼ココがpoint！／

5分放置で「クエン酸パック」

クエン酸水をスプレーし、キッチンペーパーで包み、その上からもう一度クエン酸水をスプレーします。そのまま5分ほどおくと汚れが緩み、落としやすくなります。

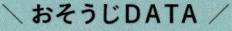

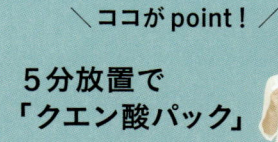

排水口

手の届く範囲や取って外せる部品はスポンジやブラシでこすり洗いできますが、手の届かない部分のそうじは怠りがち。残った汚れは過炭酸ナトリウムで。

＼おそうじDATA／

汚れと解決策

ぬめりや黒ずみなど
排水口の汚れに

＼ココがpoint！／

ラップで排水口をせき止める

上のイラストのように、排水口に二重にしたラップを覆うようにし、輪ゴムでとめます。しっかりせき止めないと、つけ置きができないので、注意してください。

1

部品を外し、ラップと輪ゴムで排水口をふさぐ。この間に湯を沸かしておく。

2

過炭酸ナトリウムを小さじ1〜2入れる。

3

ゴムが外れないように、静かに沸かした湯を注ぐ。

4

湯が冷めるまでつけ置きする。仕上げに水を流すと、ぬめりや黒ずみが簡単にとれる。

パイプクリーニング

手の届かないパイプ内にこびりついた汚れには、重曹とクエン酸の発泡反応を利用します。泡が膨らんで配管の汚れをはがし、キレイになります。

1

鍋に水（2ℓ以上）とクエン酸大さじ1を加えて沸騰させる。

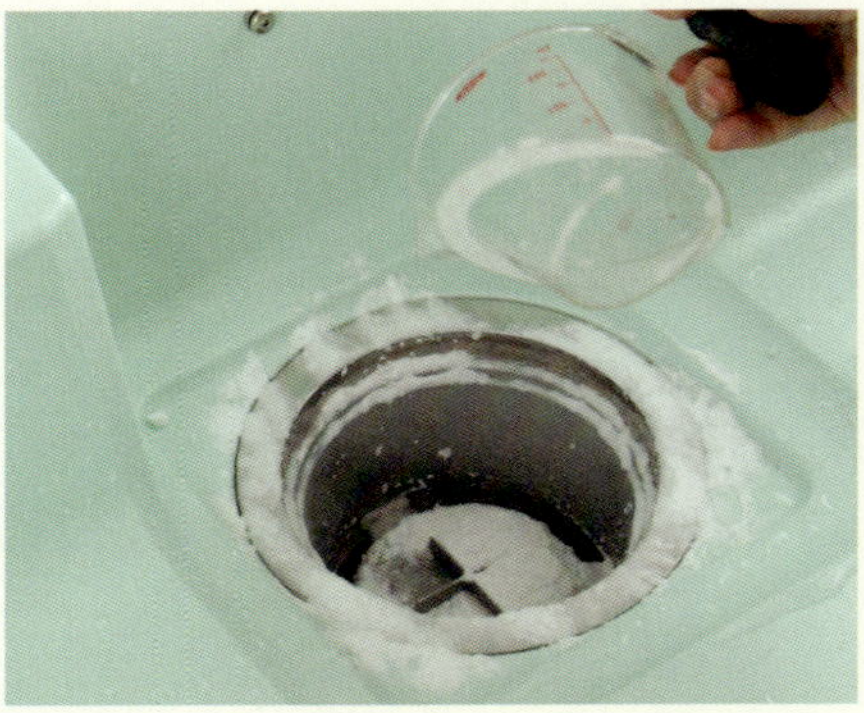

2

重曹1/2カップを排水口全体に振りかける。

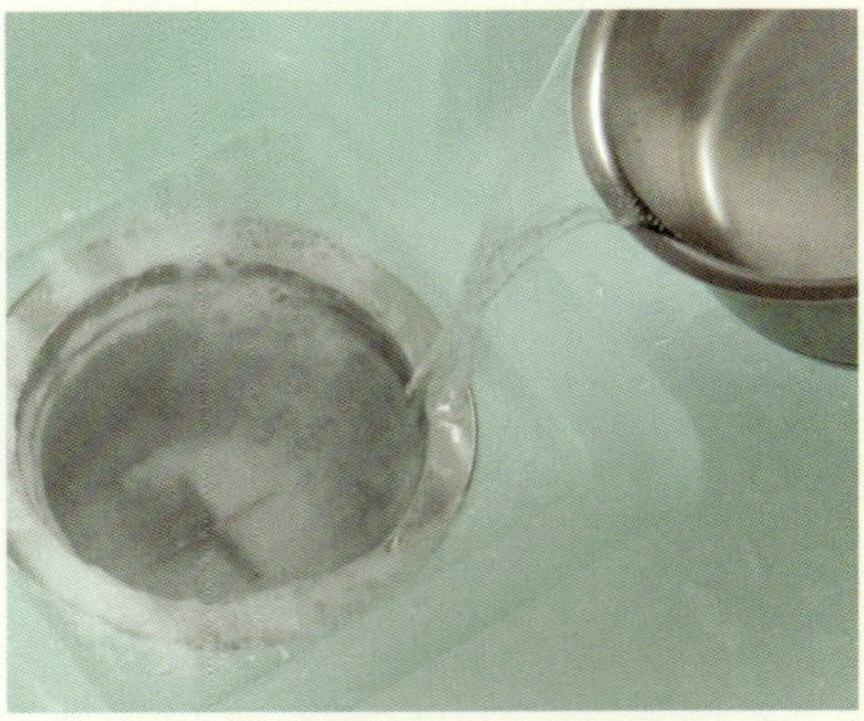

3

1のクエン酸を溶かした湯を排水口に注ぐ。

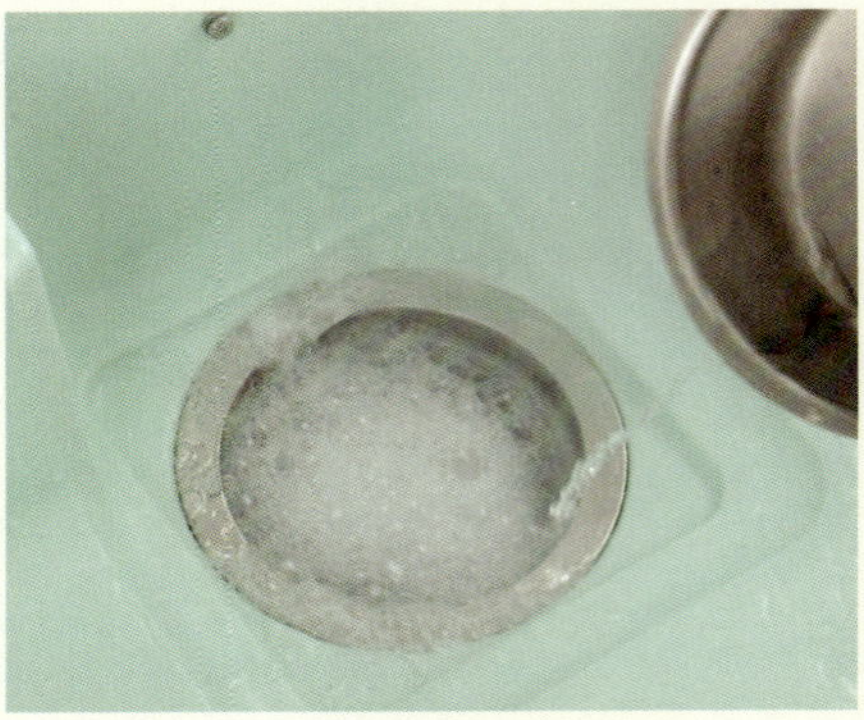

4

化学反応で起きた発泡が落ち着いたら、仕上げに水を流す。

＼ おそうじDATA ／

汚れと解決策

排管のつまりに

▼

クエン酸　重曹

＼ ココがpoint！ ／

取り外せる部品はスポンジでそうじ

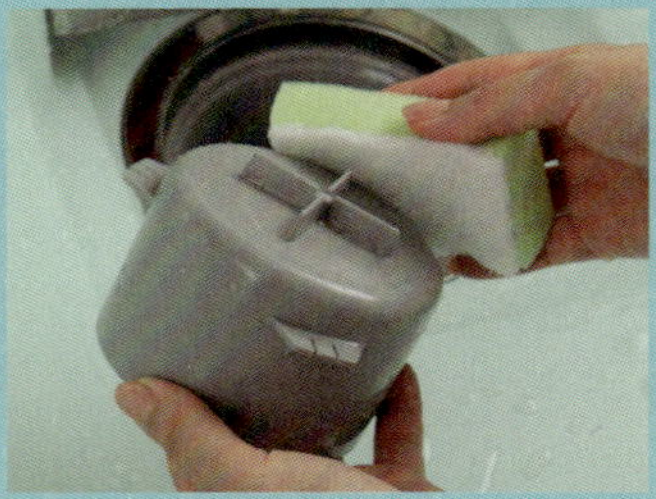

普段そうじのときに、取り外せる部品や排水口まわりはスポンジで汚れを落とします。ここで紹介するパイプクリーニングは、排水の流れが悪いと感じたときに行います。シンクのほか、洗面所なども同じ方法でできます。

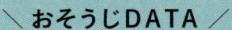

コンロ①（煮洗い）

ガスコンロであれば取り外せる部品はすべて外し、鍋に入れてまとめて煮洗いするのが有効です。

1

取り外せる部品をすべて外し、鍋に入れる。

2

部品がつかる程度の水、過炭酸ナトリウム小さじ1を入れる。

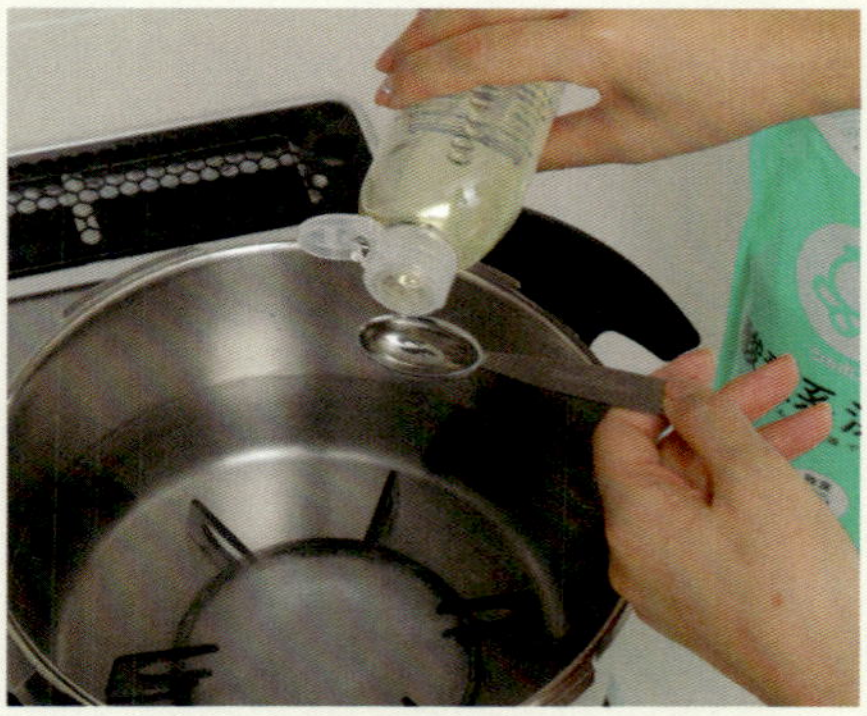

3

液体（粉末でも可）石けんを小さじ1入れ、鍋に火をつける。

4

沸騰したら火を止め、そのままつけ置きする。

＼おそうじDATA／

汚れと解決策

五徳の焦げつきに

＼ココがpoint！／

2つの洗剤を合わせて汚れを浮かす

湯が沸騰してから洗剤を加えると、吹きこぼれてしまうので、必ず煮立てる前に2種類とも加えるようにしましょう。

コンロ②（つけ置き）

鍋に入らないサイズの部品は、シンクに湯を張り、つけ置きします。湯を使うのがポイントなので、温度設定で上げられる最高の水温で行いましょう。

1

排水口をビニール袋などで蓋をし、取り外した部品がつかる程度まで湯をためる。

2

取り外した部品を入れ、過炭酸ナトリウムを大さじ2〜3加える。

3

さらに液体石けんを大さじ1加え、湯が冷めるまでつけ置きする。

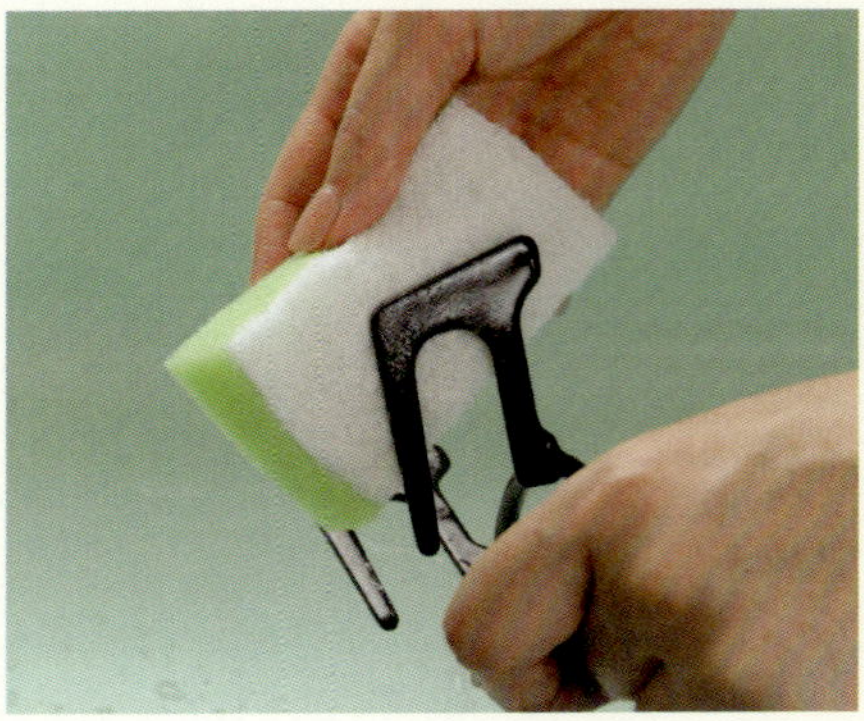

4

とりきれなかった汚れはスポンジに重曹の粉末を振りかけてこすり落とす。

＼おそうじDATA／

汚れと解決策

油汚れや
五徳の焦げつきに
▼

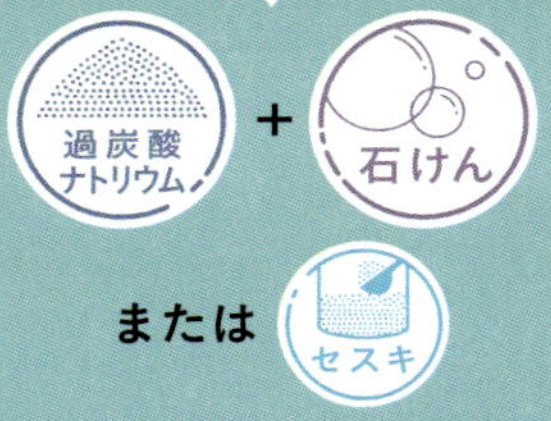

＼ココがpoint！／

ポリ袋でせき止め、湯をためる

排水口のゴミ受けの下にポリ袋を敷き、受け皿をかぶせると、しっかりとせき止められます。油汚れは湯の温度が上がれば上がるほど落ちがよくなります。

コンロまわり

コンロ本体とまわりの壁は、日々の調理で油汚れがたまります。普段そうじでこまめに拭きとるのがおすすめです。

(コンロ本体)

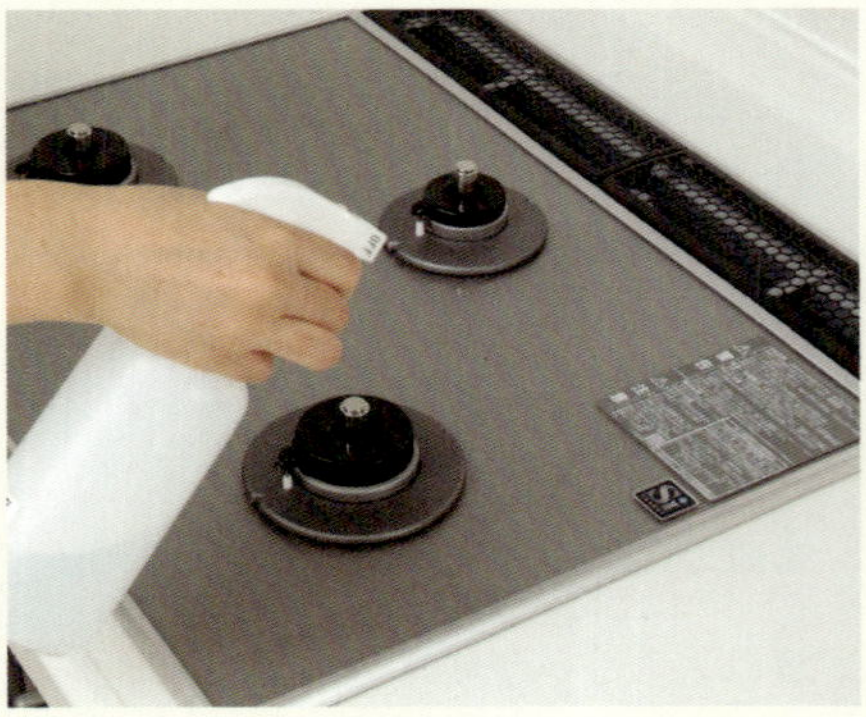

1

取り外せる部品はすべて外し、重曹水をまんべんなくスプレーし、ぞうきんで拭く。

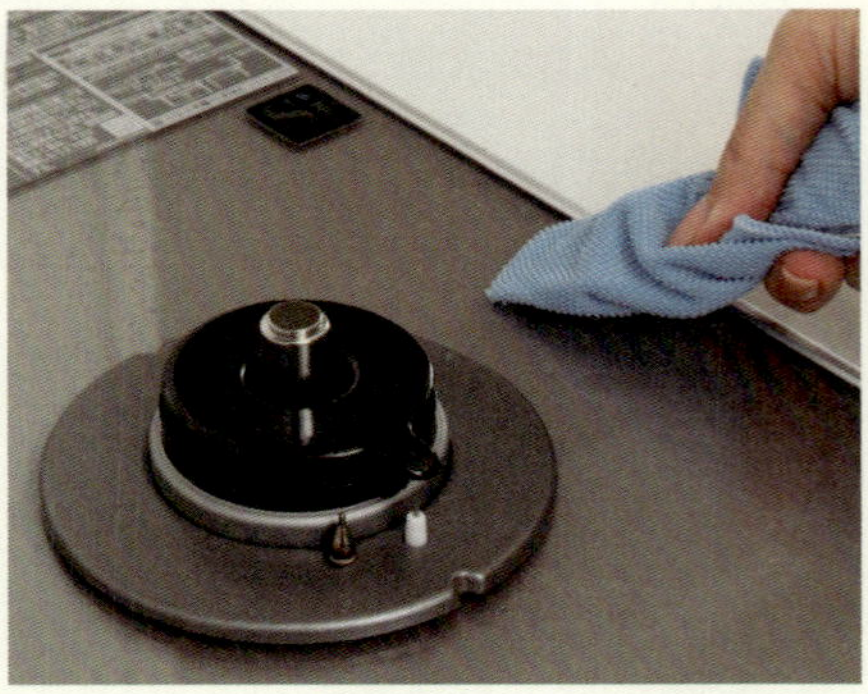

2

こびりついた部分は、へらをぞうきんで包んでからこそげ落とす。

(コンロの壁)

1

壁に重曹水をスプレーする。

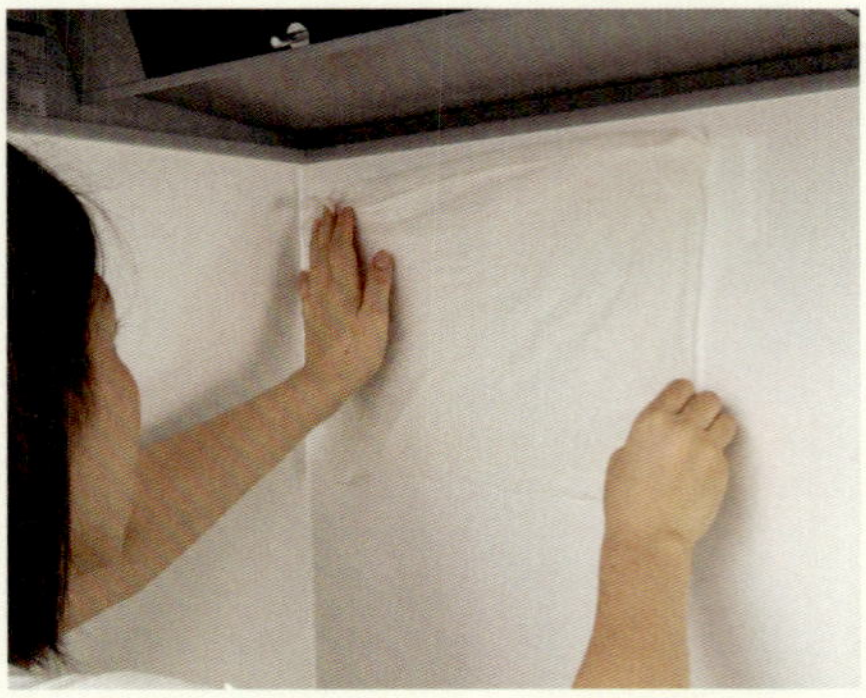

2

さらに重曹水に浸して軽く絞ったキッチンペーパーを貼って汚れを浮かす。

＼ おそうじDATA ／

汚れと解決策

油汚れに

または

＼ ココが point！ ／

**何も置かなければ
そうじがラクになる**

コンロまわりは、気をつけていても油はねで汚れがちです。調理器具やスパイス類などをコンロまわりに置くと油が付着するので、収納を見直してみるのもおすすめです。

換気扇

換気扇はたくさんの油汚れが付着している場所です。取り外せるフィルターは重曹を研磨剤代わりにして汚れをこすり洗いします。

1

レンジフードは重曹水をスプレーして拭き上げる。

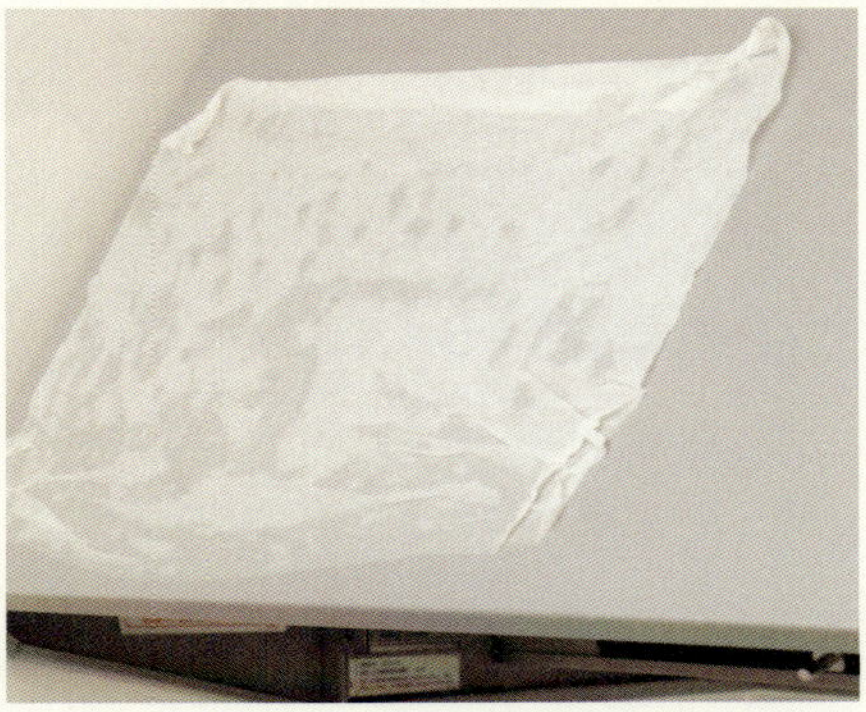

2

油汚れがこびりついている場所には、重曹水をしみ込ませたキッチンペーパーを貼り、重曹パックする。

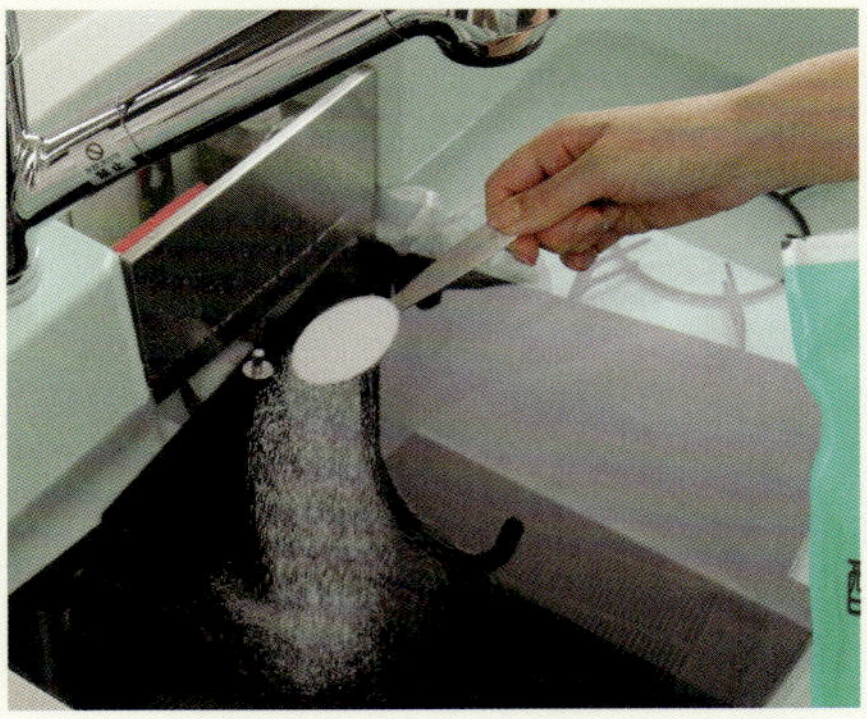

3

シンクに湯をため（ため方は35ページ参照）、過炭酸ナトリウムを加えた中にフィルターを入れてつけ置きする。

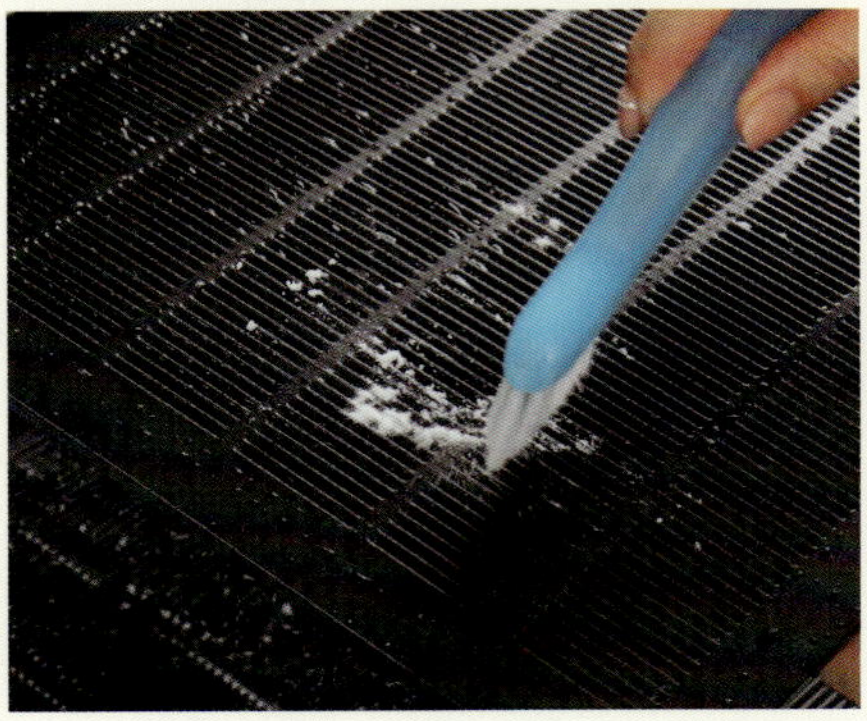

4

フィルターに重曹を振りかけ、細かいブラシでこすり洗いする。水で洗い流し、乾かす。

＼おそうじDATA／

汚れと解決策

油汚れに

または

こびりつきに

＼ココが point！／

重曹パックで油汚れを浮かす

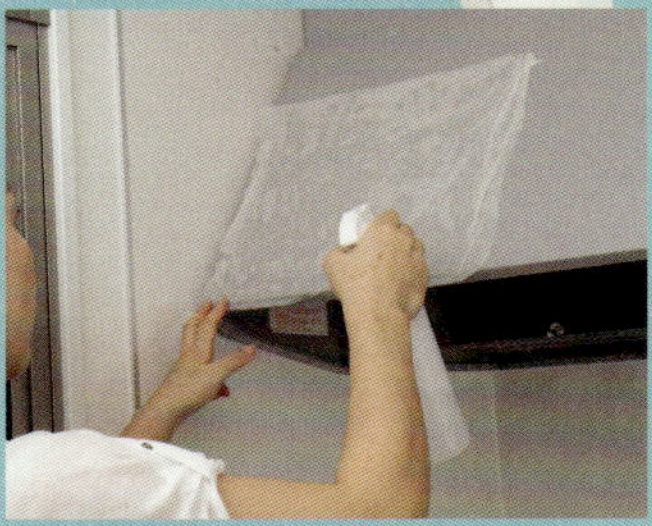

レンジフードなどに重曹水をしみ込ませたキッチンペーパーを貼りつければ、汚れが浮きあがり、ラクに落とすことができます。

グリル

こびりついた汚れはそのままこすり落とすのは大変なので、重曹水につけて汚れを緩めます。また焼き網は重曹パックが効果的です。

1

重曹を受け皿全体に振りかけ、湯に十分浸す。

2

焼き網は湯に浸すのがむずかしいので、受け皿の上に重ねる。

3

焼き網の上にキッチンペーパーを重ね、上から重曹を振りかける。

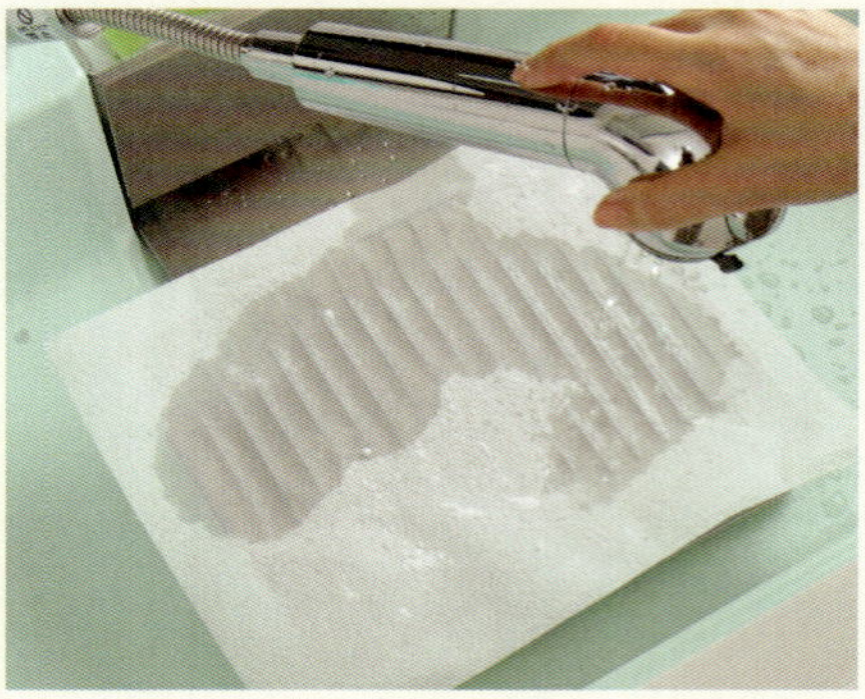

4

ぴったりと網に張りつくように湯で濡らす。

＼ おそうじDATA ／

汚れと解決策

油汚れ・焦げつきに

▼

または

※古く固くなった油以外

＼ ココが point！ ／

焼き網は
重曹パックで

大きくて湯につけられない焼き網は重曹とキッチンペーパーで全体をパックして汚れを緩め、水で洗い流します。水で流せなくても、スポンジでつるっと落ちるようになります。

冷蔵庫

食品を保存しておく冷蔵庫は、アルコール水を使って清潔な状態を保つようにしましょう。

＼おそうじDATA／

汚れと解決策

手アカ・油汚れ・
食品による汚れ・除菌に

＼ココが point！／

**すき間も
忘れずに拭いて**

冷蔵庫の引き出しの溝などにも手アカなどの汚れがたまるので、クロスでしっかりと拭きあげます。

1

アルコール水を冷蔵庫に直接スプレーし、クロスで拭きとる。

2

冷蔵庫の中は汚れの気になる部分にアルコール水を吹きかける。

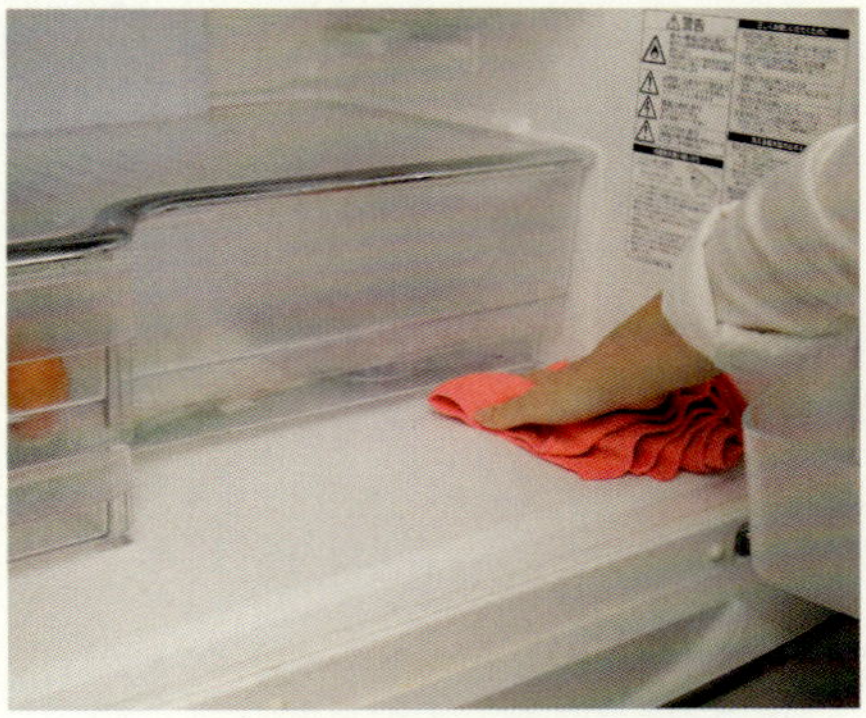

3

クロスで汚れを拭きとる。大そうじでは、仕切りを取り外して丸洗いする。

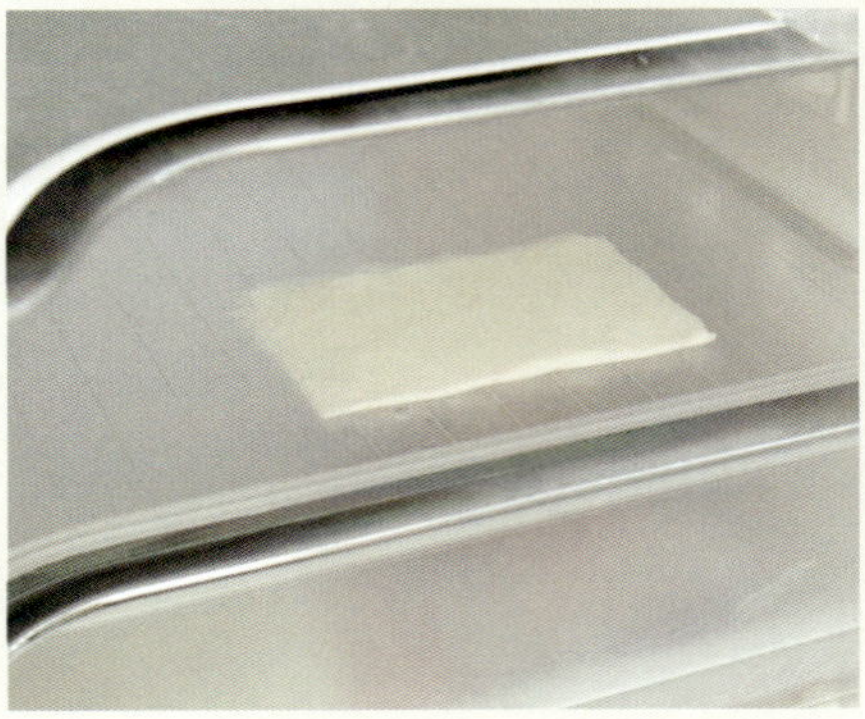

4

汚れがひどい部分は、水道水を含ませたキッチンペーパーを置き、10分ほど放置し、緩んだら拭きとる。

電子レンジ

庫内にこびりついた汚れは、重曹水を含ませたふきんをレンジで加熱し、汚れを浮かせてから拭きます。

1

重曹水を含ませたふきんを電子レンジに入れる。

2

電子レンジで30～60秒ほど加熱し、さわれる程度に冷めるまでそのまま待つ。

3

扉を開けたら、ふきんで中の汚れを落とす。外側も同様に重曹水のふきんで拭きとる。

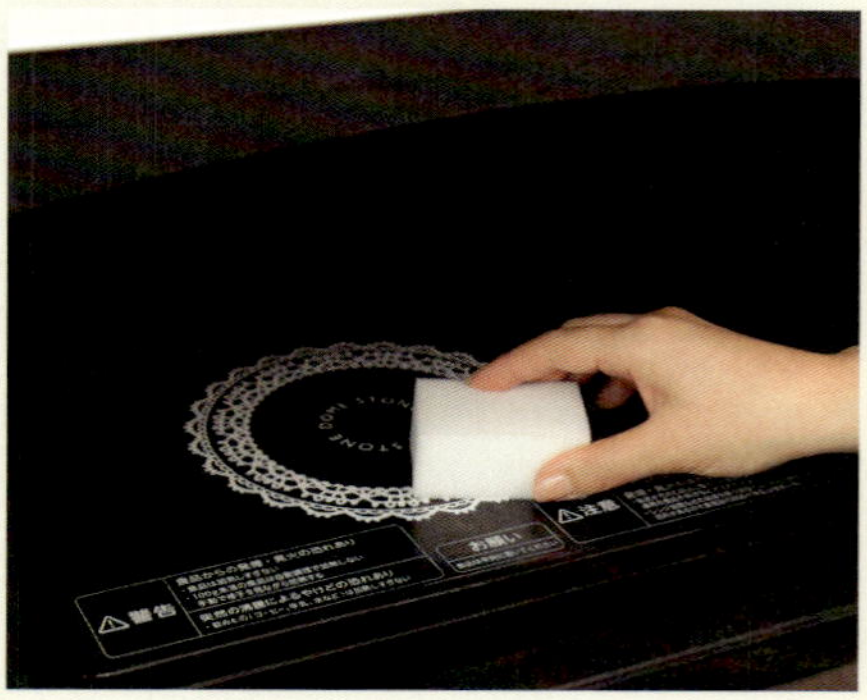

4

こびりついた汚れはメラミンスポンジを使うと落ちやすい。

＼おそうじDATA／

汚れと解決策

油汚れや食品による汚れに

または

＼ココがpoint！／

熱と蒸気で汚れを落としやすく

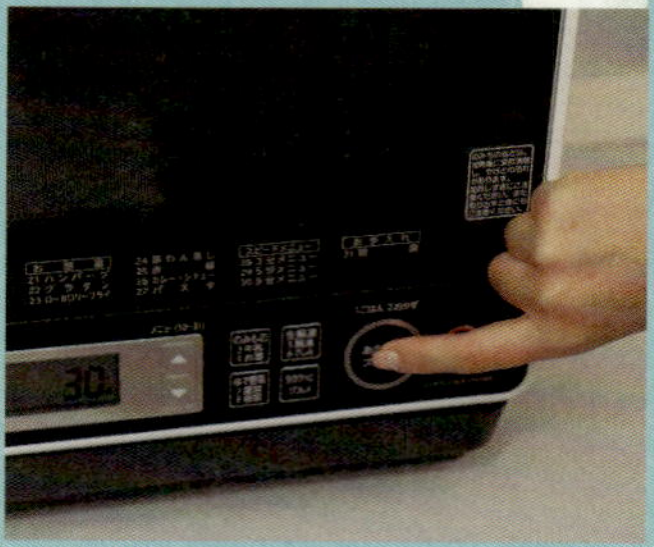

重曹水の蒸気と熱がレンジ内に広がって汚れを浮かすので、拭きとりが簡単になります。ターンテーブルがある場合は取り出して水洗いしましょう。

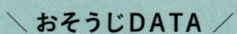

オーブントースター

焦げやパンくずなどは拭きとり、こびりついた油汚れは重曹パック(37ページ参照)して落とします。

＼おそうじDATA／

汚れと解決策

油汚れ・焦げつきに

または

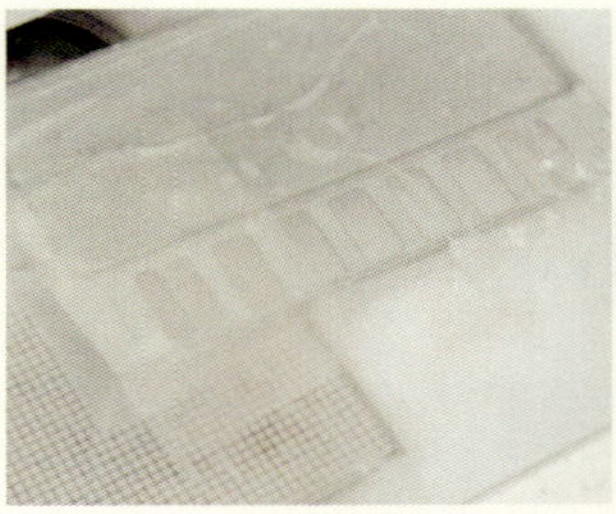

1 網など取り外せる部分を全て外し、重曹パックをしてつけ置きする。

2 パックをとり、重曹を直接振りかける。

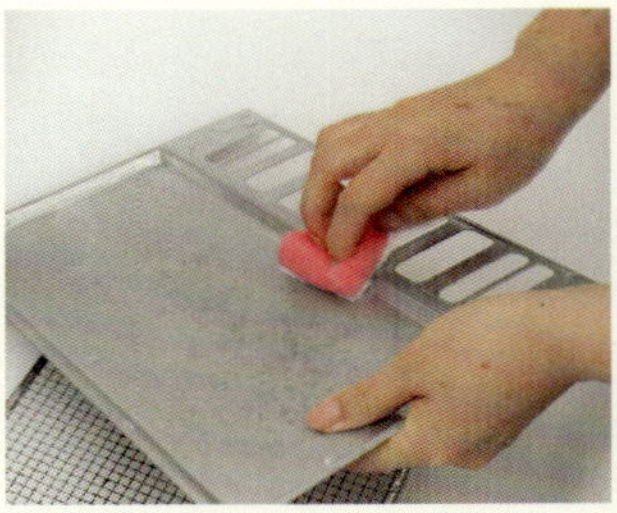

3 重曹をクレンザー代わりにスポンジで汚れをこすり落とす。

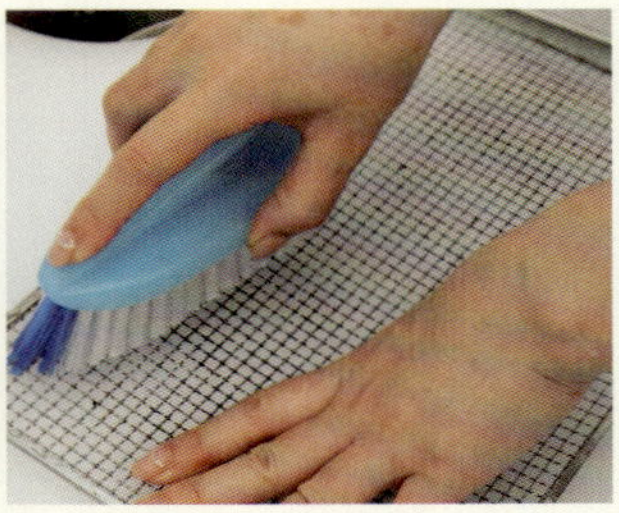

4 スポンジで落とせない網目の細かな汚れはブラシでこする。

電気ケトル

ケトルの底の水アカは、クエン酸で湯を沸かし、浮かして落とします。

＼おそうじDATA／

汚れと解決策

水アカに

1

電気ケトルの中に水適量とクエン酸小さじ1を入れる。

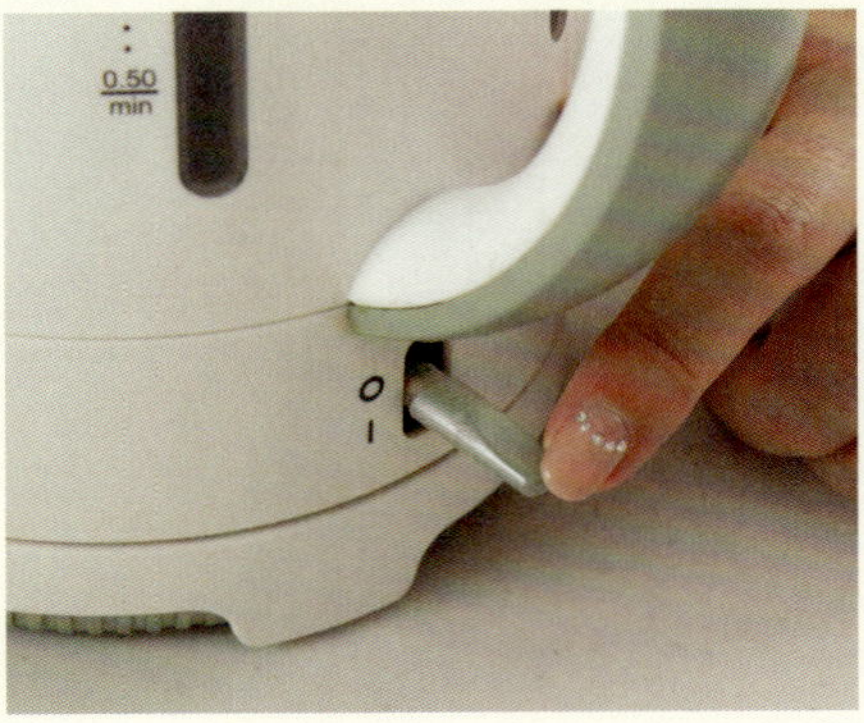

2

ケトルのスイッチを入れ、湯を沸かす。クエン酸が残らないようにすすぐ。

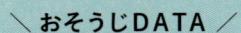

食器

普段の食器洗いは、油をペーパーで拭きとり、石けんで洗うだけで十分きれいになります。

1

食べ残しのソースなどの油汚れはキッチンペーパーで拭きとる。

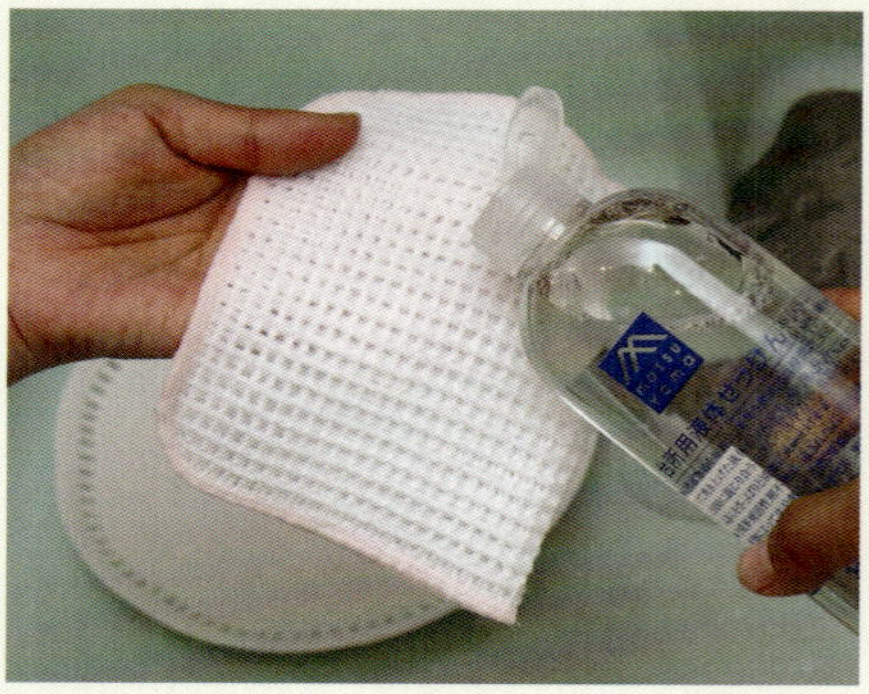

2

薄手のクロスに食器用の石けんをつけ、泡立てる。

3

食器を石けんで洗い、汚れを落とす。

4

水ですすぎ、石けんの泡をしっかりと洗い流す。

＼おそうじDATA／

汚れと解決策

油汚れ・食品による汚れ

▼

石けん

＼ココがpoint！／

普段の食器洗いに乾きやすいクロス

厚手のスポンジは乾きにくく中で雑菌が繁殖しやすいので、薄手の食器洗い用クロスを使うのがおすすめ。毎食後、使ったあとは干して乾かします。

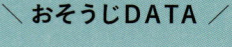

食器棚

普段からほこりがたまらないように、ワイパーでこまめに拭きましょう。大そうじには重曹水を使います。

1 普段のそうじは食器を収めたまま、ワイパーで隙間までしっかり拭く。

2 大そうじは、食器を全てとり出し、重曹水を含ませたふきんを固く絞ってから拭きとり、乾かす。

＼おそうじDATA／

汚れと解決策

油汚れ・ほこりに

＼ココがpoint！／

食器は必ず乾いてから戻す

重曹水を含ませたふきんで拭いたあと、乾かさずに食器を戻すとカビの原因になってしまいます。必ず乾かしてから戻すようにしましょう。本棚やキャビネットも同様のそうじができます。

家族が集まる憩いの場は、いつもきれいにしておきたいもの。ほこりの多い場所なので、こまめに拭きとるようにしましょう。

洋室・リビング

壁

＼ おそうじDATA ／

汚れと解決策

手アカ・油汚れに

1

右端から左に向かって、重曹水に浸したぞうきんで拭く（左利きの場合は逆）。

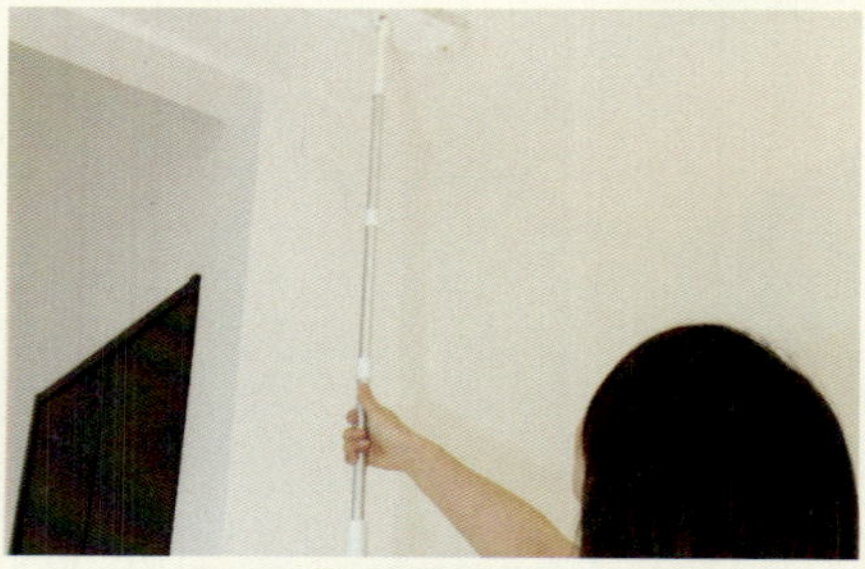

2

手の届かない天井はフローリングワイパーを使って同様に拭く。

電気のスイッチ

＼ おそうじDATA ／

汚れと解決策

手アカ・皮脂に

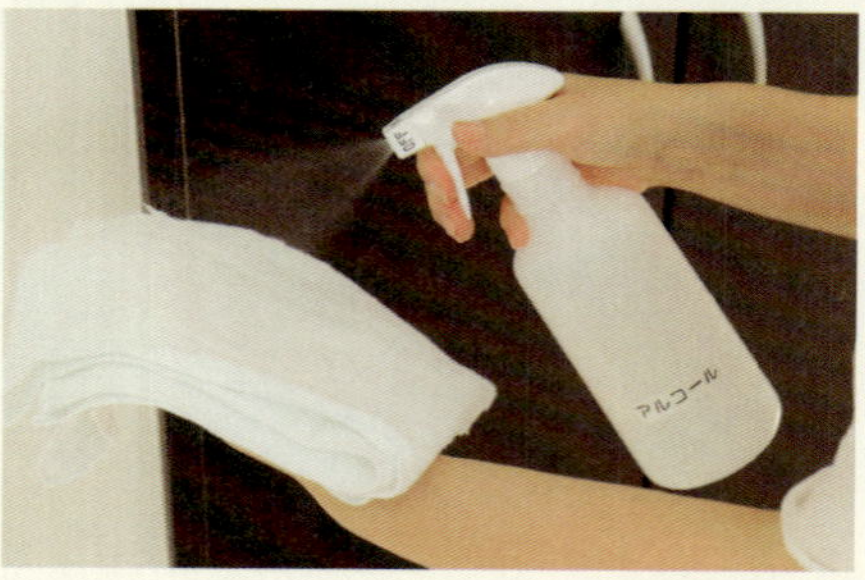

1

アルコール水を乾いたぞうきんにスプレーする。

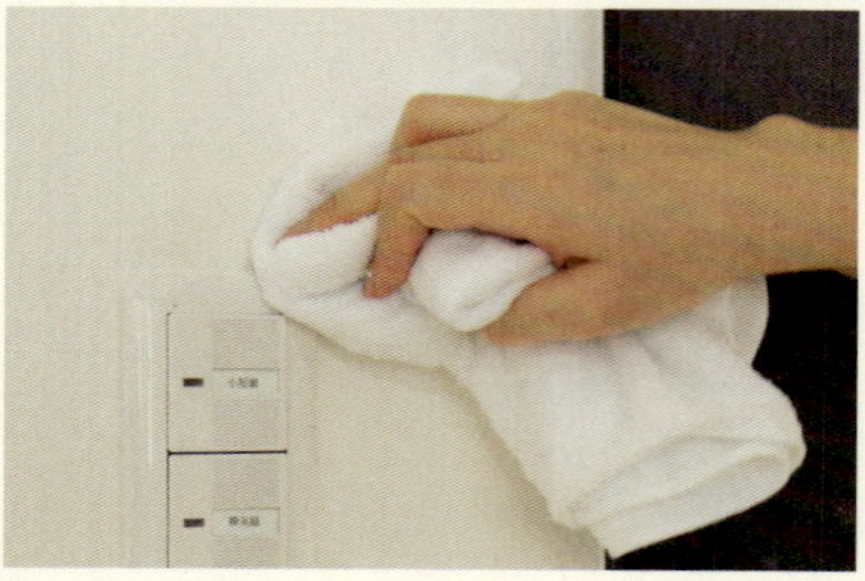

2

汚れを拭きとる。アルコール水を直接吹きかけると故障の原因になるので注意。

フローリング

普段はアルコール水で拭くだけでOK。裸足で歩く季節はとくに皮脂がつきます。大そうじは重曹水に浸したぞうきんで拭きます。

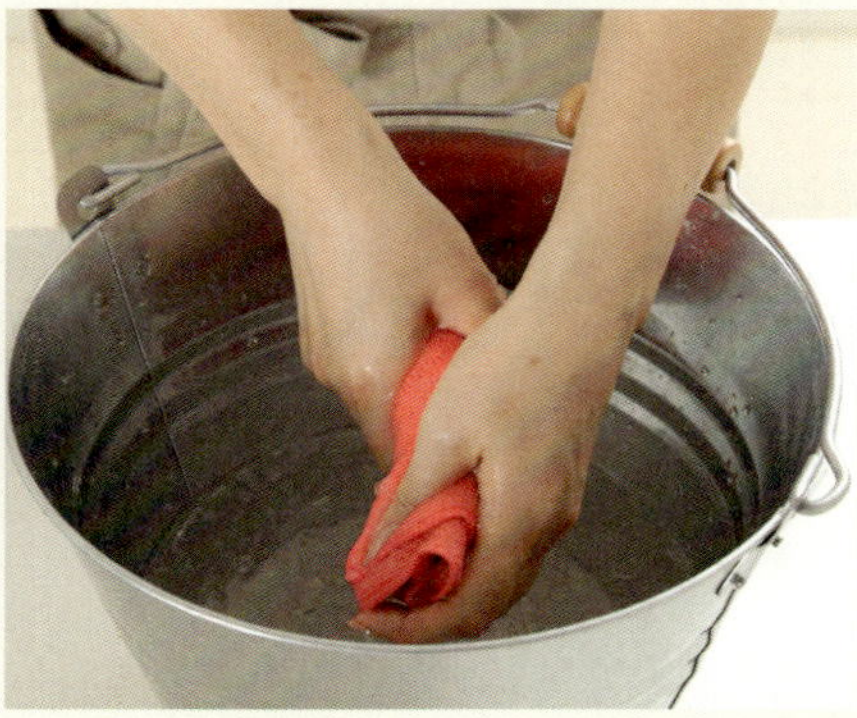

1

重曹水に浸したぞうきんを固く絞る。

2

壁と同じように、右から左、前から後ろに向かってぞうきんで拭いていく。

3

四隅や溝に残った汚れは割り箸をぞうきんで包んだものでこそぎ落とす。

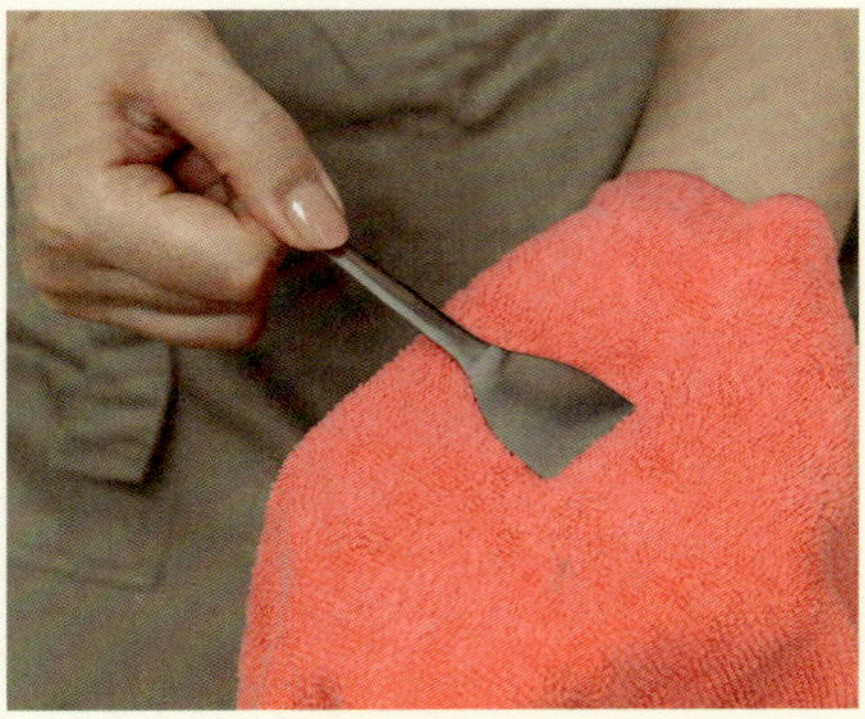

4

こびりついた汚れには、ヘラを使って落とすのもおすすめ。

＼ おそうじDATA ／

汚れと解決策

ほこり・皮脂に

＼ ココが point！ ／

大そうじには 大量の重曹水をつくって

大量の重曹水をつくる場合、バケツに２ℓのペットボトルで水を入れ、重曹を大さじ５入れて溶かします。ぞうきんもまとめて絞っておき、使用後は洗濯機で洗ってしまえば効率アップ！

カーペット

そうじ機ではとりきれなかった汚れには、アルコール水を使います。カビの原因になる水気は残さないようにしましょう。

1

そうじ機をかけ、とりきれなかったものを手ぼうきやブラシでとり除く。

2

固く絞ったぞうきんにアルコール水をスプレーし、表面を面に沿って拭いていく。

3

汚れが気になる場所にはアルコール水を直接スプレーし、浮きだした汚れをぞうきんで吸いとる。

＼おそうじDATA／

汚れと解決策

ほこり・皮脂・カビ予防に

＼ココがpoint！／

カーペットには水分を含ませない

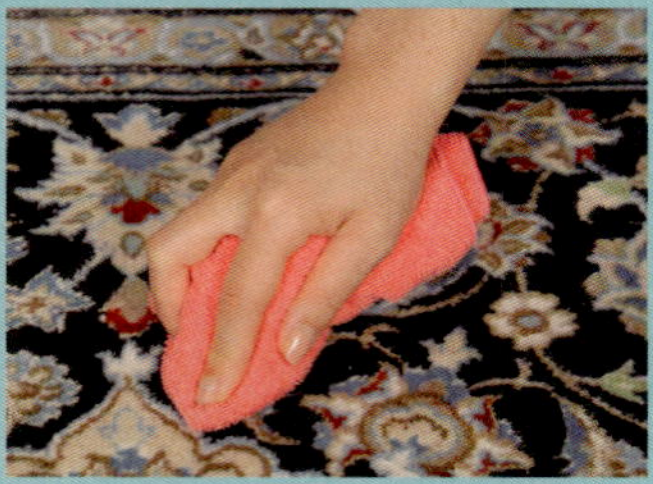

カーペットに水分が残ると、カーペット自体のカビの原因になるだけでなく、濡れた部分から下に染み出し、床にもカビができることがあります。乾きの早いアルコール水が向いています。また、カビの予防にもなります。

窓

基本的には重曹、結露しやすい室内の窓にはアルコール水と、窓の場所によって使い分けます。

＼おそうじDATA／

汚れと解決策

手アカ・ほこり・カビ・排気ガス・ドロの油汚れ

室内のほこりに

＼ココがpoint！／

夏場の大きい窓は乾きが早いので注意

よく晴れて乾燥している日は、水の乾きが早く、重曹が白く浮いた状態で残ってしまうことがあります。よくすすぎ、水切りしましょう。

（室内）

1

北側などにある結露しやすい窓は、カビが発生しやすいので、アルコール水をスプレーする。

2

ぞうきんで汚れを拭きとる。そのほかの室内の窓は重曹水をスプレーし、水気を拭きとる。

（外）

1

重曹水を上からまんべんなくスプレーする。

2

乾く前に水切り（スクイージー）で水をきる。

3

水スプレーですすぎ、さらに水切りする。

ベランダ

意外と汚れが目につかないベランダは、汚れを放置しているとドロがこびりつきます。また、洗濯物が落ちたときに汚れがつくこともあります。

1

ベランダの床に水をまく。

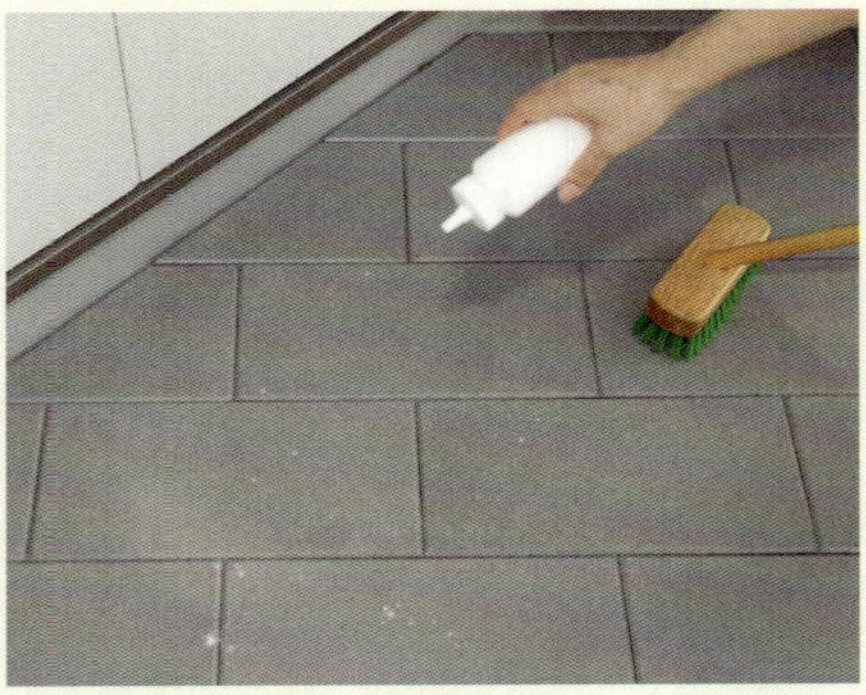

2

水をまいた上から重曹を振りかける。

3

重曹を研磨剤代わりにデッキブラシで汚れをこすりとる。

4

重曹が残らないように磨き、汚れがとれればOK。重曹をかけすぎると白い粉が残るので注意。

＼おそうじDATA／

汚れと解決策

ドロに

＼ココがpoint！／

水を流す場所は事前にチェックする

マンションのベランダなどは水が真下の階にそのまま落ちてしまうことがあり、水が使えない場合があります。そうじを行う前に水が使えるかどうかを確認するようにしましょう。

和室

水気がしみ込むとカビが発生しやすい場所。
畳はカビができたあと漂白すると、
畳の色も抜けてしまうので、
カビを生やさないようにこまめにそうじします。

和室

畳

畳は水気を使わず、アルコールを使って、カビが発生しないように、こまめに手入れすることが大切です。

1

固く絞ったクロスにアルコール水をスプレーし、畳を拭く。

2

汚れが気になる場所には、薄めたものではなく、アルコールの原液を吹きかけてもOK。

3

畳縁には、アルコール水をスプレーし、細いブラシなどで汚れをかき出し、ぞうきんで拭く。

＼おそうじDATA／

汚れと解決策

皮脂・カビ予防に

＼ココがpoint！／

変色するので重曹はNG

新しい青い畳は、重曹を使うと色が黄色に変色してしまうので、重曹を使ってはいけません。アルコール水を使用しましょう。

家電製品は故障の原因になるので、そうじに水を使えません。揮発性が高いアルコールを使ってそうじをしましょう。

家電製品

照明器具

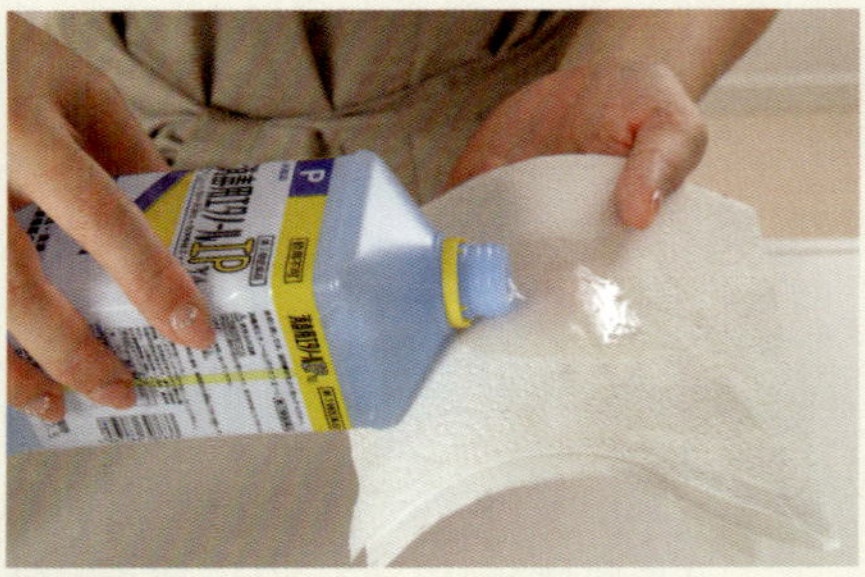

1

乾いたクロスにアルコール原液を含ませる。

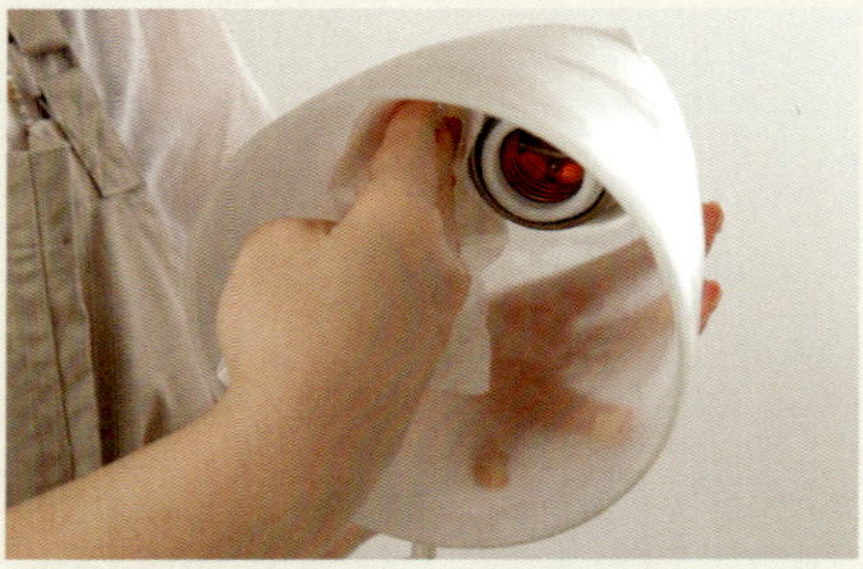

2

全体を拭きとっていく。汚れがたまりやすい部分に注意する。

＼おそうじDATA／

汚れと解決策

油汚れ・ほこりに

テレビ

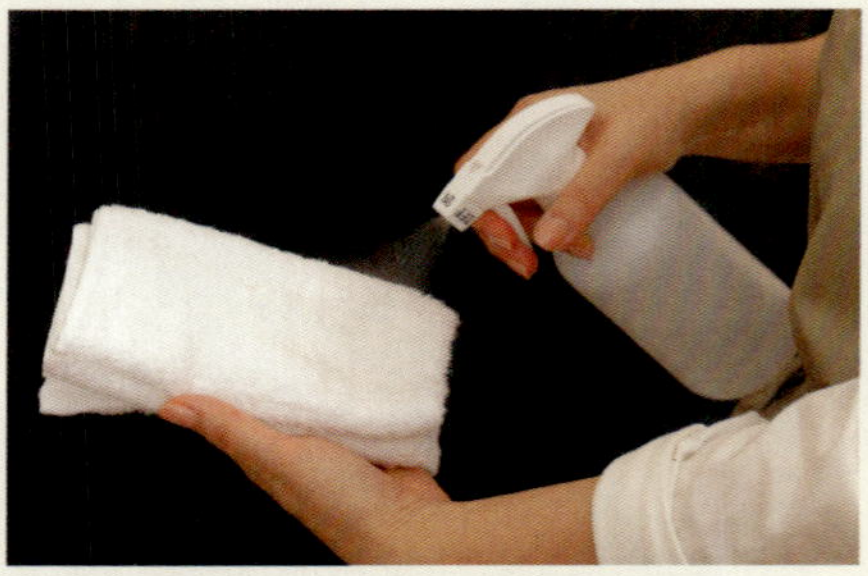

1

乾いたクロスにアルコール水をスプレーする。

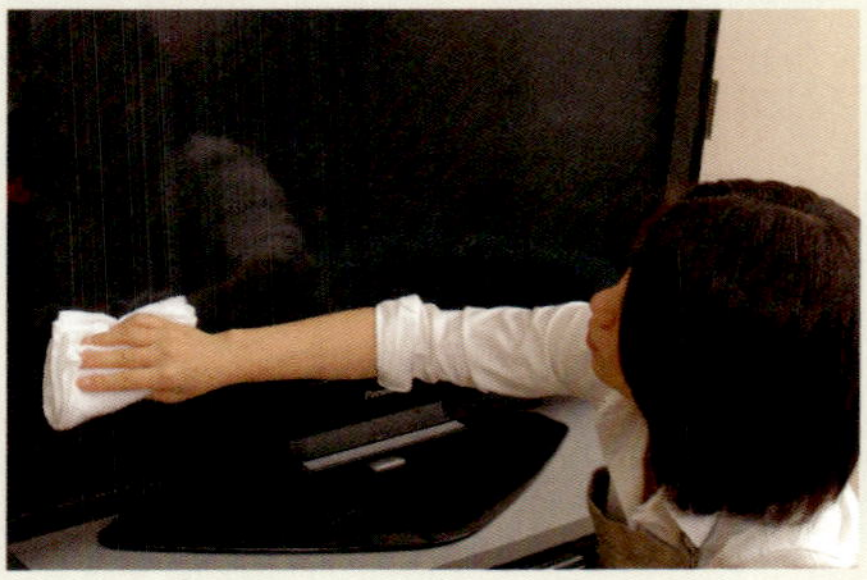

2

全体を拭きとる。ほこりがたまりやすい上部や溝などに注意。

＼おそうじDATA／

汚れと解決策

ほこりや手アカに

リモコン・キーボード

基本的にはテレビと同じそうじ方法です。ボタンなどの隙間にほこりがたまりやすいので、綿棒を使うとよいでしょう。

（リモコン）

1

乾いたクロスにアルコール水をスプレーし、全体を拭く。

2

ボタンの隙間は、アルコール水を含ませた綿棒を使って汚れをとり除く。

（キーボード）

1

乾いたクロスにアルコール水をスプレーし、全体を拭く。

2

クロスでとりきれない細かな隙間の汚れは、アルコール水を含ませた綿棒を使ってこすりとる。

＼ おそうじDATA ／

汚れと解決策

皮脂・手アカに

▼

＼ ココが point！ ／

電話機も
同様にそうじできる

とくに受話器の部分は手アカがつきやすく汚れているので、アルコール水をスプレーしたクロスで汚れを拭きとります。

エアコン①（フィルター）

エアコンのフィルターは、普段そうじではそうじ機でほこりをとり除きます。汚れがひどければ丸洗いしましょう。

1

エアコンからフィルターを外す。

2

ほこりをそうじ機で吸いとる。

3

そうじ機で落とせない汚れの場合、フィルター全体を水で流し、大きな汚れを落とす。

4

液体石けんとスポンジで汚れをこすり落とし、水で洗い流す。アルコール水をかけて干す。

＼おそうじDATA／

汚れと解決策

ほこりㆍ油汚れに

＼ココがpoint！／

干す前にアルコール水をスプレー

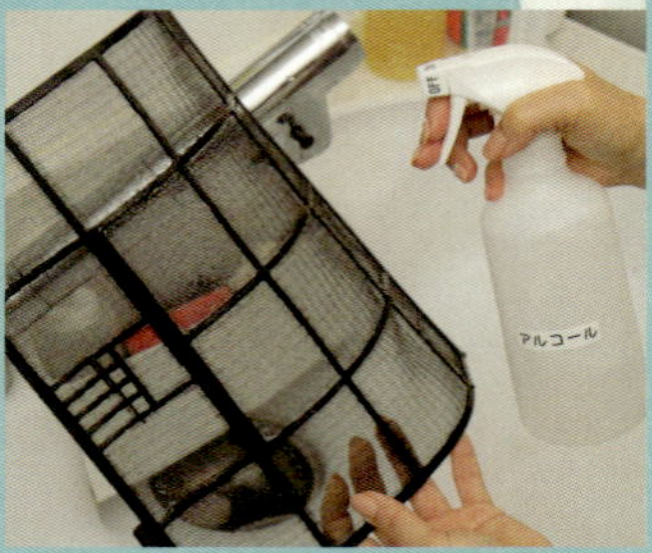

フィルターを丸洗いしたあと、干して乾かす前にアルコール水をスプレーしておくと、除菌、防カビになります。

エアコン②（本体）

エアコンの上部や表面はほこりが付着しやすいので、拭きとります。フィルターの蓋の裏はカビが生えやすいので注意を。

1

クロスを水で濡らし、洗濯機で脱水してからアルコール水を吹きかける。

2

エアコンの表面をまんべんなく拭く。

3

フィルターの蓋の裏側や内側もクロスで拭く。

＼ おそうじDATA ／

汚れと解決策

ほこり・油汚れに

＼ ココがpoint！ ／

内側のそうじはどうする？

エアコンの内部はメーカーによって違い、複雑なため、家庭で行うのはフィルターの清掃までにしたほうがよいでしょう。

扇風機のそうじ

取り外せる部品は水洗いします。夏が終わったら、きれいにそうじしてから収納しましょう。

1 取り外せる部品は全て外し、水洗いする。

2 そのほかの部分はアルコール水をスプレーしたクロスで拭いていく。

主な汚れは湯アカや飛び散った石けんカス。
水気があり、カビが発生しやすいので、
こまめにそうじをしましょう。

お風呂・洗面所

浴槽・壁

浴槽の汚れは、重曹を研磨剤代わりにしてこすり落とします。浴槽用洗剤と違い、水で洗い流すときに神経質になる必要もありません。

1

浴槽はシャワーでぬらし、アクリルたわしに重曹粉末をつける。

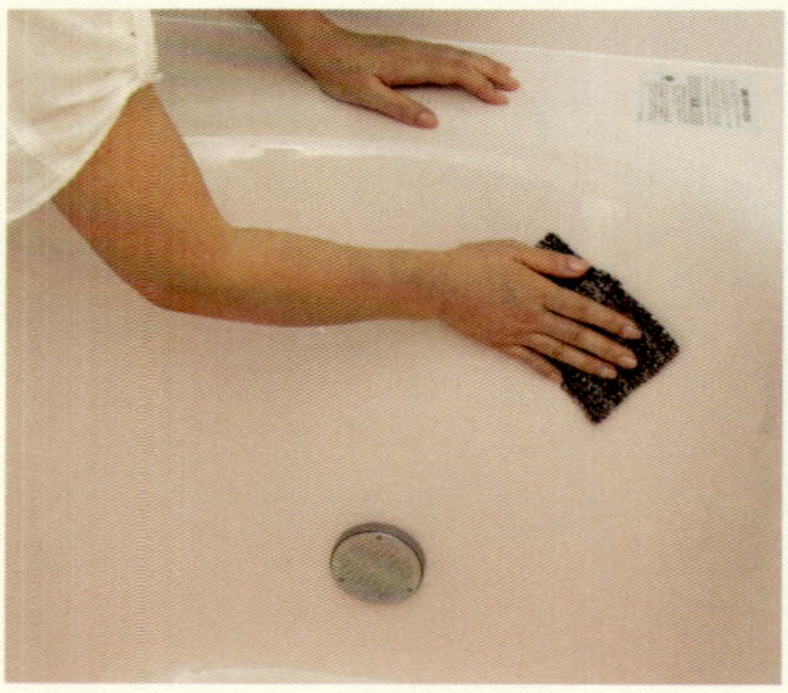

2

重曹をクレンザー代わりに湯アカを落とすようにみがいていく。

(壁)

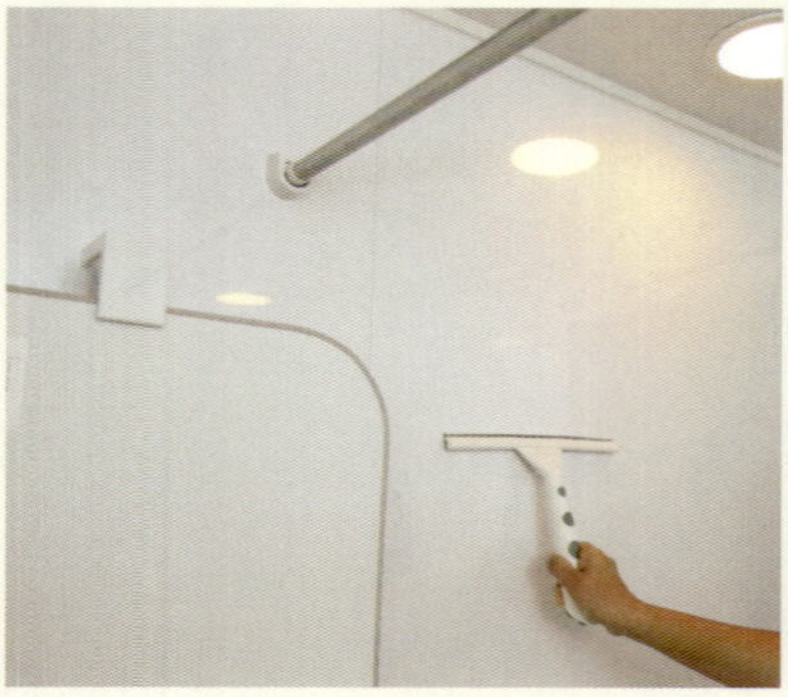

入浴後にシャワーをかけ、カビの原因となる飛び散ったシャンプー類を流す。水切り(スクイージー)で水気をとる。

＼おそうじDATA／

汚れと解決策

湯アカに

＼ココがpoint！／

浴槽そうじには重曹が効果的

重曹は研磨剤代わりになることに加え、浴槽に付着した皮脂や角質汚れ(湯アカ) をよく落とすので、浴槽そうじに最適です。

床・ドア

浴槽と同様に主な汚れは皮脂や飛び散ったシャンプー類。重曹で汚れを落とし、細い溝はブラシでこすり洗いします。

（床）

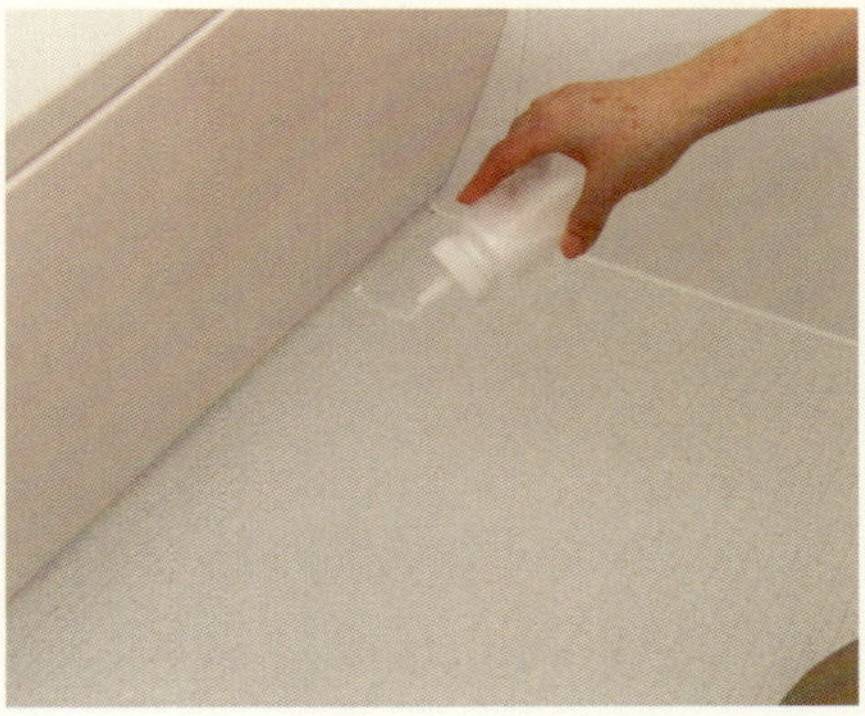

1

床に粉末の重曹をまんべんなくまく。

2

浴室用ブラシで溝などにたまったアカを落とすようにこすり洗いする。

（ドア）

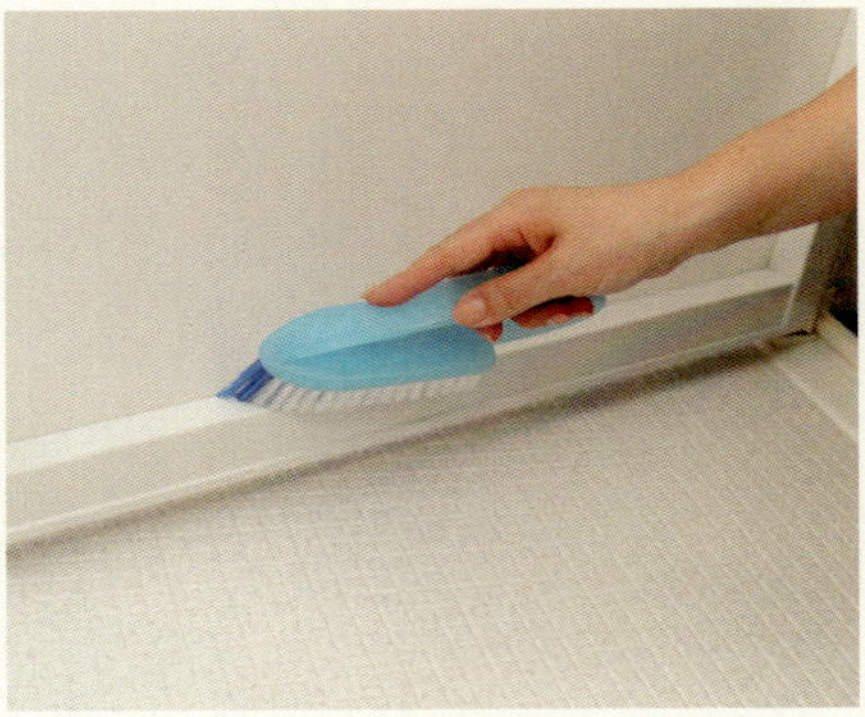

1

溝をブラシなどでこすり洗いした後、しっかりと乾いたぞうきんで拭きとる。

2

乾いたらアルコール水をスプレーし、除菌、防カビを行う。

＼おそうじDATA／

汚れと解決策

湯アカ・シャンプー類に

除菌・カビ予防に

＼ココがpoint！／

そうじのあとは必ず水気を拭きとる

細かな溝は、スポンジでは汚れが落としきれないことがあるので、細かいブラシなどを使用。ドアはカビができやすいので、そうじの後は必ず水気を拭きとり、アルコール水を吹きかければ除菌や防カビ効果があります。

鏡

鏡についた汚れや水アカはクエン酸を使って落とします。しつこい汚れには紙やすりを使って。

1

クエン酸パック（31ページ参照）をして、しばらく放置する。

2

パックを外し、スポンジでこすり洗いする。

3

水で濡らした、水アカ専用の紙やすりをヘラに巻きつける。

4

スポンジで落としきれなかった汚れをこすりとる。

＼ おそうじDATA ／

汚れと解決策

水アカに

＼ ココが point ! ／

しつこい汚れには メラミンスポンジ か紙やすりを

スポンジで拭きとれなければメラミンスポンジを使い、それでも落ちないしつこい汚れは非常に目の細かい紙やすり（耐水性のもの）をヘラに巻きつけ、こすり落としましょう。

※くもり止めなどの特殊加工が施されている鏡には、メラミンスポンジや紙やすりのご使用はお控え下さい。

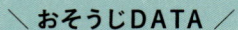

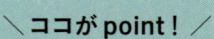

風呂釜・小物

ボトルなどの浴室小物は風呂釜の除菌と一緒に行えます。まとめて浴槽でつけ置き洗いするのがおすすめです。

＼おそうじDATA／

汚れと解決策

ぬめり・除菌に

1

風呂釜の穴より上に水を張り、小物を全て入れる。

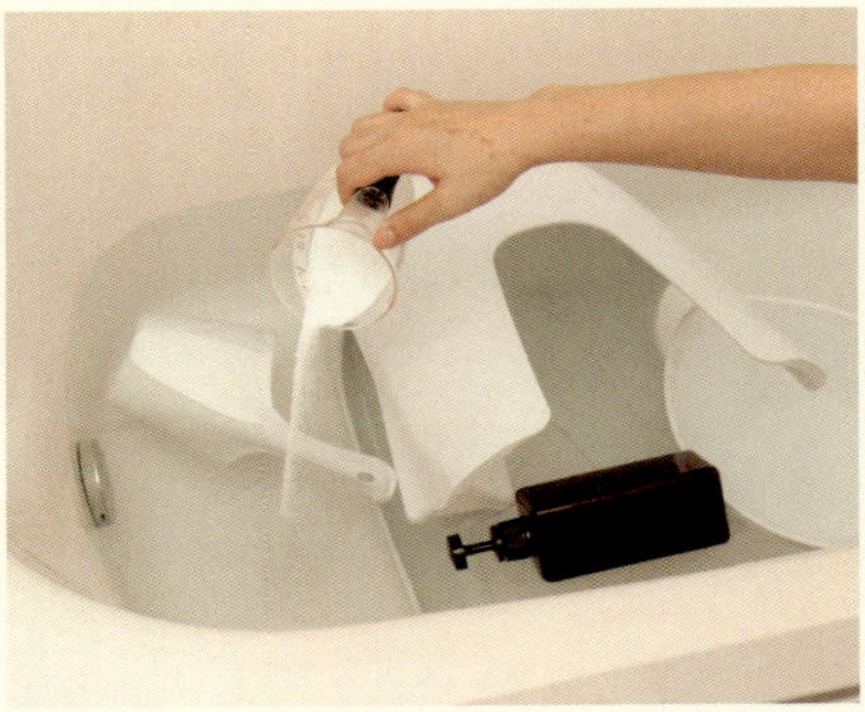

2

過炭酸ナトリウムを2カップ入れる。

3

追い焚きボタンを押し、湯の温度を上げ、つけ置きする。

つけ置きを終えて湯を流したら、風呂釜清掃のためにもう一度水を張り、追い焚きする。

＼ココがpoint！／

小物は
クエン酸パックでも！

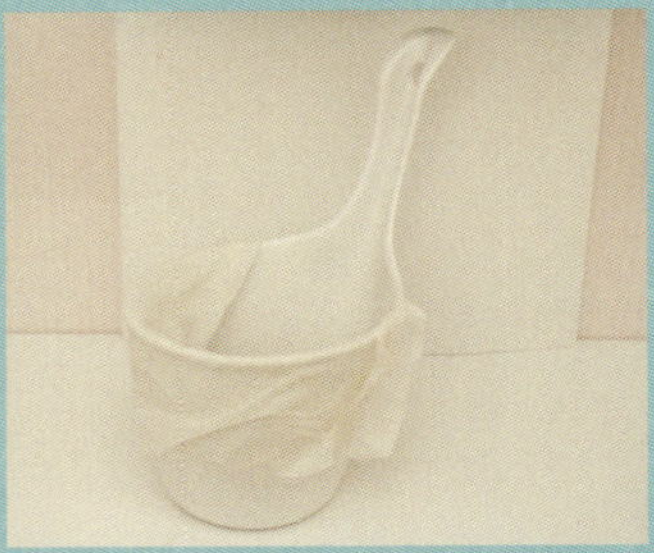

洗面器などの石けんカスのこびりつきは、クエン酸水をスプレーし、キッチンペーパーで包み、さらにクエン酸水をスプレーするクエン酸パックを。仕上げに水気を拭きとります。

シャワー

シャワーホースのカビは過炭酸ナトリウムパックをすることで落とします。

1

シャワーヘッドの水アカには、洗面器にクエン酸水を用意し、つけ置きする。

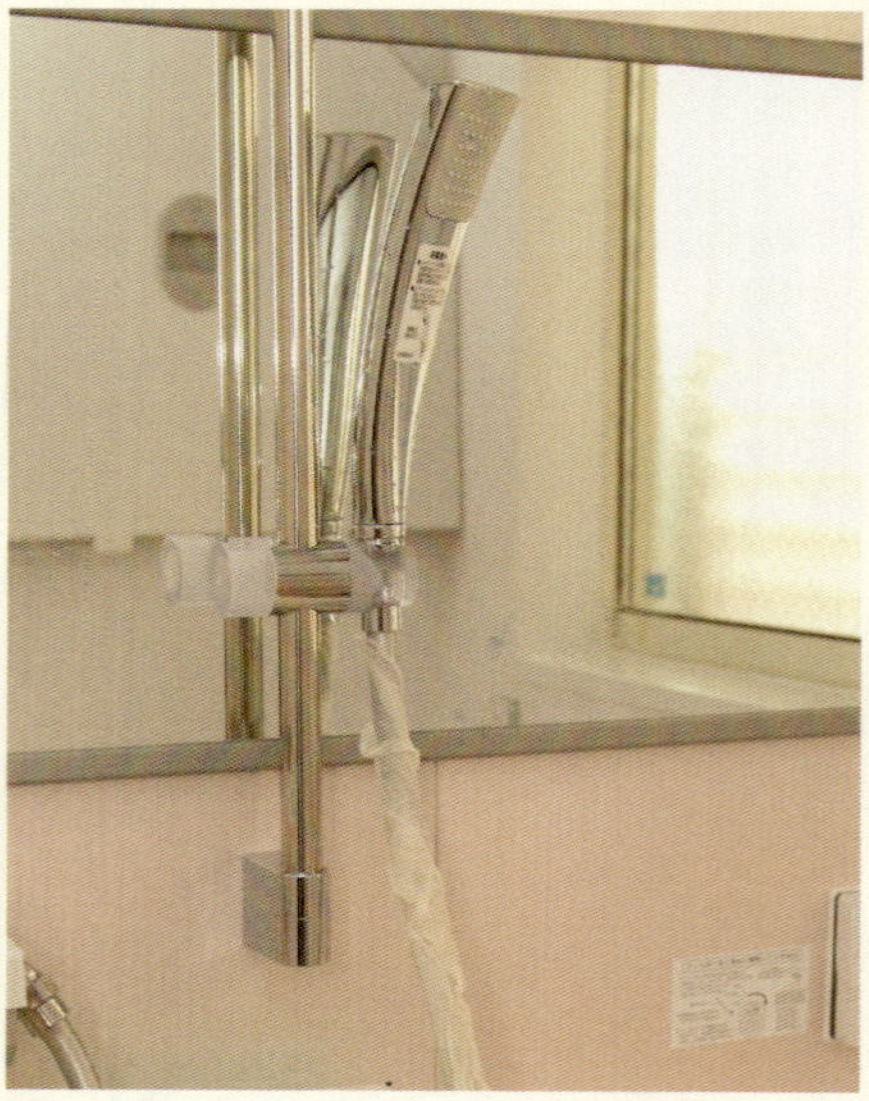

2

シャワーホースにカビが発生していたら、過炭酸ナトリウムを溶かした湯に浸したキッチンペーパーで包む（過炭酸ナトリウムパック）。

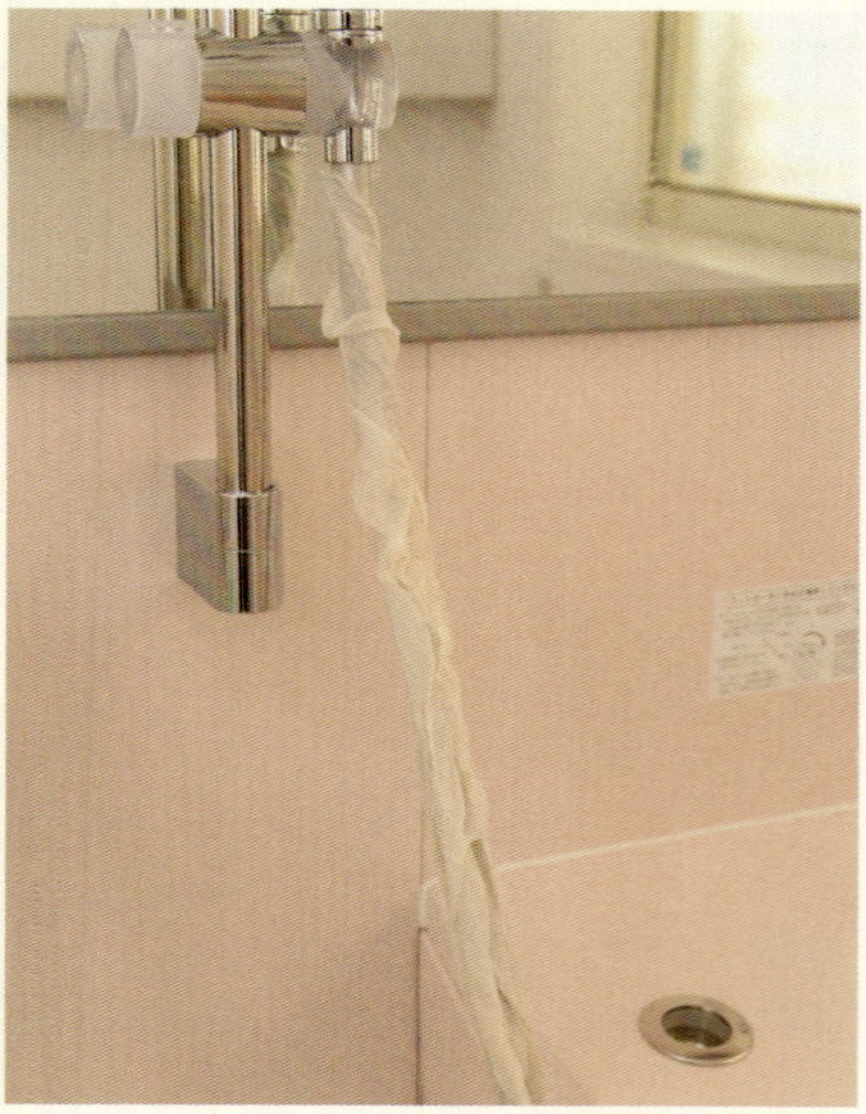

3

しばらく置いたのち、パックを外して水で洗い流す。

＼おそうじDATA／

汚れと解決策

水アカに	カビに
クエン酸	過炭酸ナトリウム

＼ココがpoint！／

気づかないうちにカビが生えているかも！

シャワーホースに飛び散ったシャンプー類の汚れを放置しているとカビが発生します。除菌・漂白力の高い過炭酸ナトリウムを使ってパックしてしっかりカビを落としましょう。

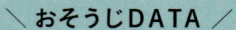

お風呂そうじは予防が肝心!

お風呂そうじの悩みで多いのがカビ。カビは汚れではなく、雑菌です。
カビを発生させないための3つのポイントをおさえましょう。

カビのできる条件はこの3つ

汚れ

流しきれずに残ったシャンプー剤や石けんカス、排水口にたまった髪の毛などがカビの養分になる。

水分

入浴後に床や壁、浴槽などに残った水分。換気が不十分だと乾きが遅くなる。

20℃以上の温度

雑菌が繁殖しやすい温度。入浴後や夏場は20℃以上の状態になりやすい。

少なくともどれか1つを断つのが大事!

予防のために毎日できる3つのこと

1. 入浴後、排水口にたまった髪の毛などのゴミをとり除き、受け皿をスポンジで洗う。
2. 入浴後(最後の人が出てから)、壁にシャワーをかけ、水切り(スクイージー) で水気をとる。
3. 換気扇を回す、または窓を開けて、室内の湿度を下げる。
4. 浴槽に湯を残さない。残り湯があると風呂釜が雑菌だらけになる。

初期のカビならナチュラルクリーニングで対抗!

過炭酸ナトリウムパック

湯に過炭酸ナトリウムを溶かし、カットしたキッチンペーパーを浸して、カビの部分をパックする(58ページ参照)。

それでもとれないカビは?

除菌力のある洗剤を使う必要がある。ただ、沈着してしまった色素のシミは残るのでやっかい。色素のシミには過炭酸ナトリウムを使用。

洗面台

基本的にそうじ方法はシンク（30 ページ参照）と同じ。気になる水アカにはたっぷりクエン酸水をスプレーしましょう。

1

みがきたい箇所に粉末の重曹を振りかける。

2

みがくようにこすり洗いした後、水で洗い流す。

3

蛇口を含めて全体にクエン酸水をスプレーする。

4

ぞうきんでしっかり拭きあげる。

＼ おそうじDATA ／

汚れと解決策

水アカに

皮脂に

＼ ココが point！ ／

大敵なのは水アカ 全体をクエン酸スプレー

キッチンと違い、しつこい油汚れはありません。重曹は研磨剤の代わりとしてみがくように洗います。水アカにはクエン酸水をまんべんなく吹きかけて落としましょう。

洗濯機

洗濯機のそうじで重要なのは水の温度。高温で汚れを浮き出させます。

＼おそうじDATA／

汚れと解決策

カビに

洗濯槽汚れに

＼ココがpoint！／

50 ～ 60℃の湯がポイント

給湯器の設定温度を上げて50～60℃の湯を使用し、水量は最大限にします。市販のクリーナーを使用してそうじする場合でも、同様に高温の湯を使うことをおすすめします。また、クエン酸は柔軟剤ポケットに入れます。こうすることで、2度目のすすぎの際に投入されます。

1

洗濯機に最大量まで湯を張り、過炭酸ナトリウムを2カップ加える。

2

しばらくそのまま放置したら、浮いてきた汚れをすくい網でとる。

3

汚れが出なくなるまでくり返しすくいとる。そのまま5時間ほどつけ置きする。

4

汚れをとりきったら洗濯コースの2回めのすすぎのタイミングでクエン酸大さじ1を加える。

尿はね汚れは酸性ですが、
時間が経つとアルカリ性になるので、
そうじの際は注意します。

トイレ

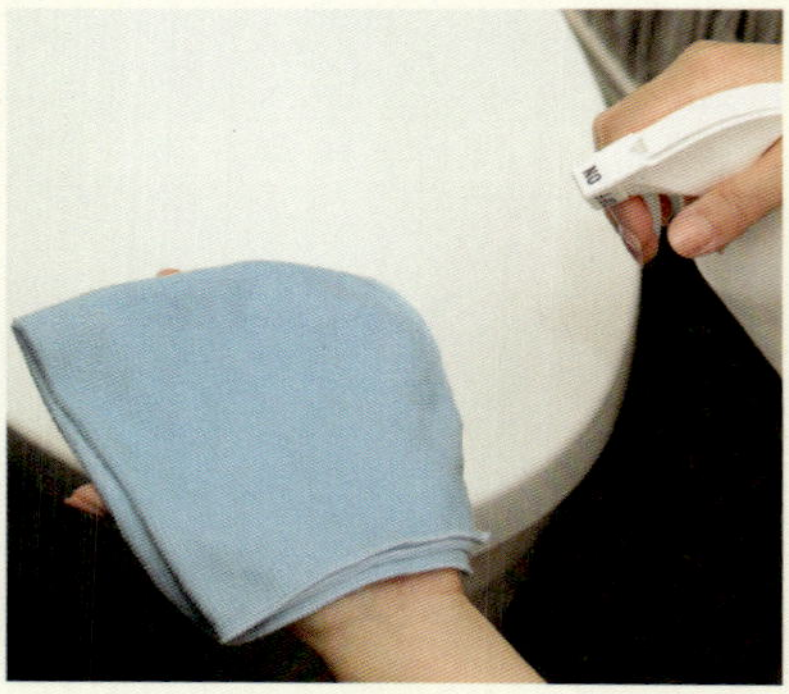

1

蓋の部分は重曹水をスプレーしたぞうきんを使用する。

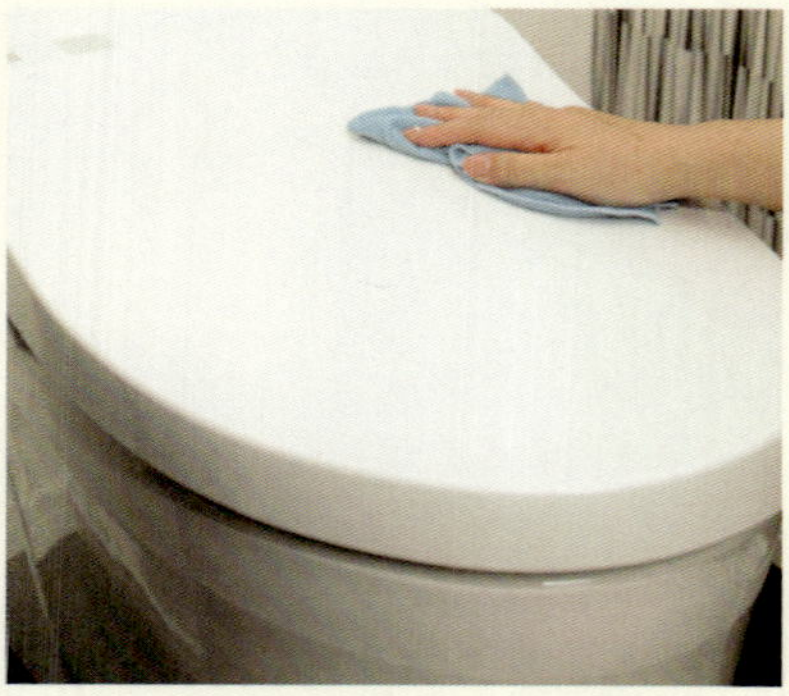

2

ぞうきんで蓋全体を拭きあげる。

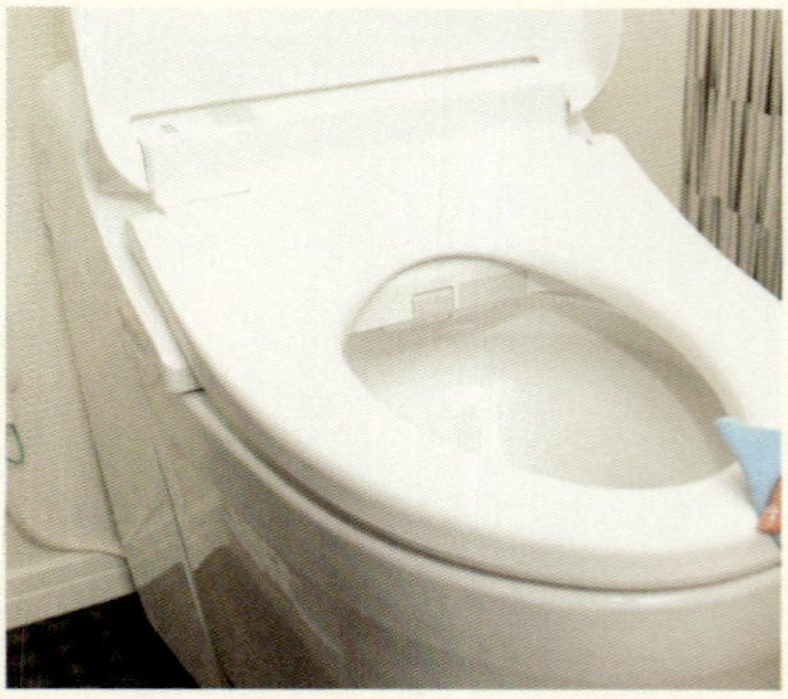

3

さらに便座部分もしっかりと拭きあげる。

便座①

尿は出てすぐは酸性なので、アルカリ性の洗剤を使います。毎日しっかりそうじを。

＼おそうじDATA／

汚れと解決策

尿はねに

臭いに

＼ココがpoint！／

毎日掃除はアルコール水
臭いはクエン酸水

普段のそうじにはアルコール水を使いますが、時間が経つと尿は酸性からアルカリ性のアンモニアになります。イヤな臭いの正体でもあるので、酸性のクエン酸水をスプレーすればそうじも消臭もできます。

便座②

便器の汚れは研磨剤代わりの重曹を使ってブラシでこすることで、大体のものは落とすことができます。

1

重曹を便器の中に振りかける。

2

ブラシでこすり洗って汚れを落とす。

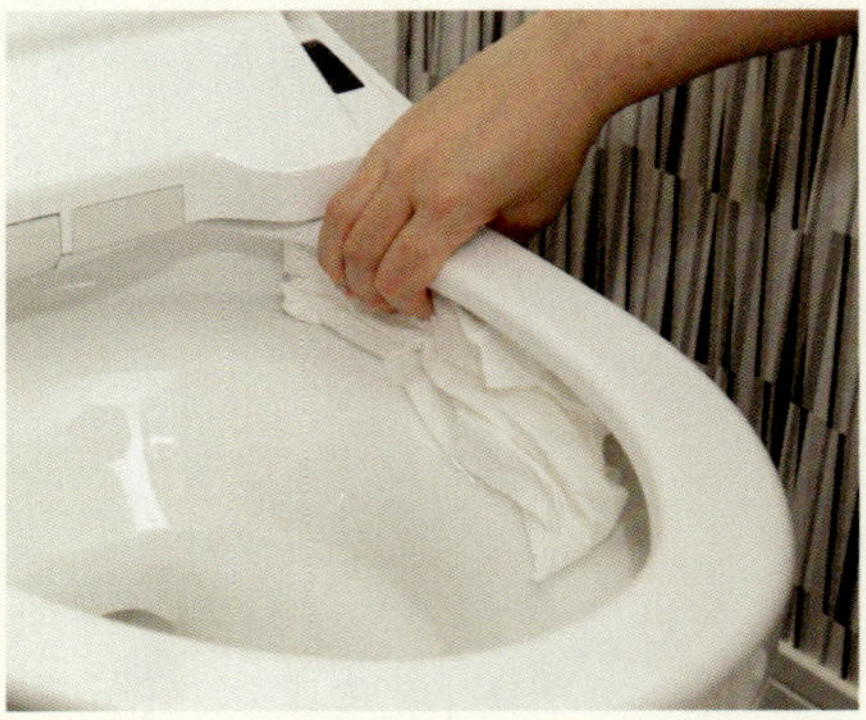

3

便座裏の溝の尿石汚れに、クエン酸水スプレーをしてキッチンペーパーを貼る。

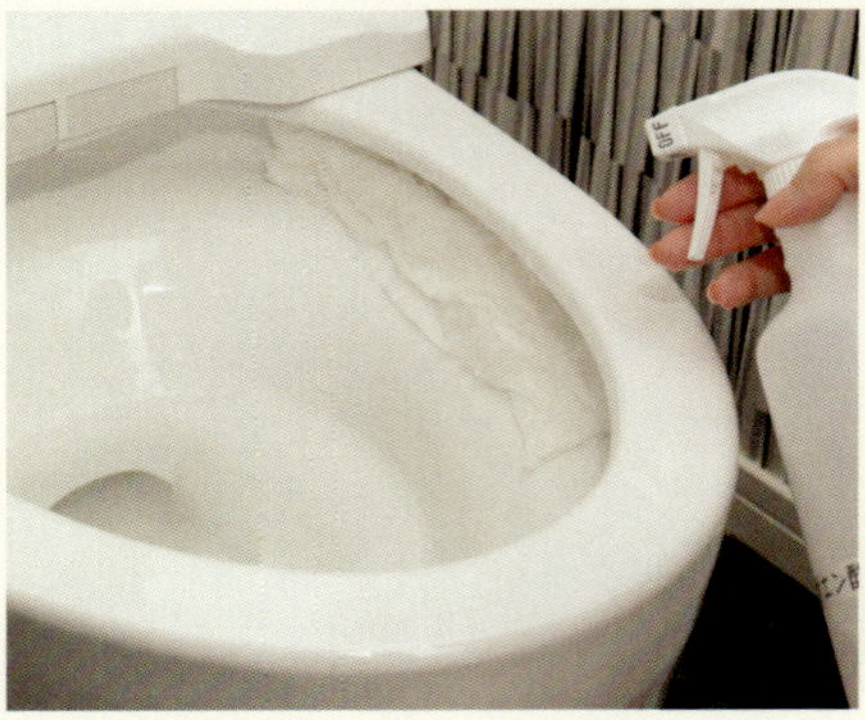

4

さらにクエン酸水スプレーし、そのまま置いてクエン酸パック（31ページ参照）する。

＼おそうじDATA／

汚れと解決策

尿石汚れ・臭いに

尿はねに

＼ココがpoint！／

就寝前には過炭酸ナトリウムパックを

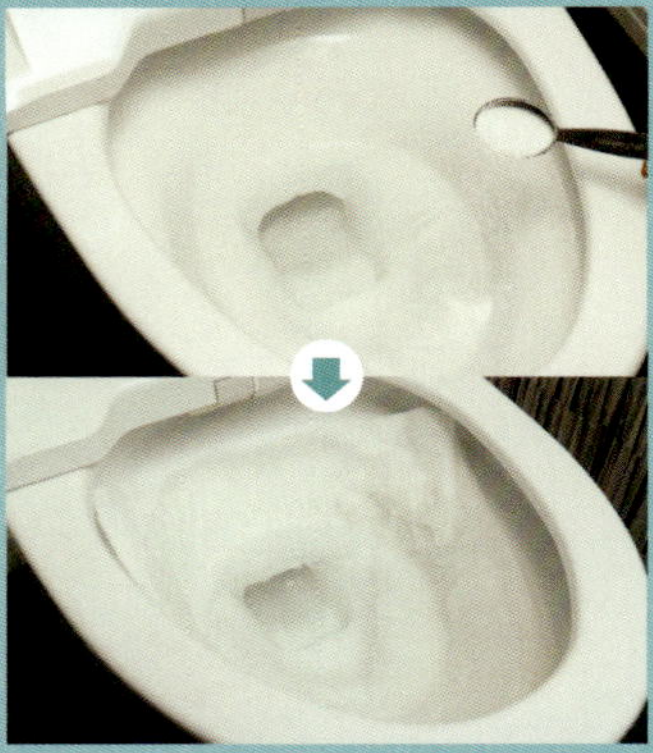

便器の水がたまる部分は雑菌が発生しやすく輪ジミになることも。就寝前に過炭酸ナトリウム大さじ1を入れ、トイレットペーパーをかぶせてパックします。朝、水を流せばOK。

床・壁

こまめにそうじをしているのにトイレが臭う原因は、床や壁に飛び散った尿はねが原因かもしれません。

＼ おそうじDATA ／

汚れと解決策

尿はね・アンモニア臭に

＼ ココが point！ ／

**臭いの元は
飛び散った尿
こびりつきはヘラで落とす**

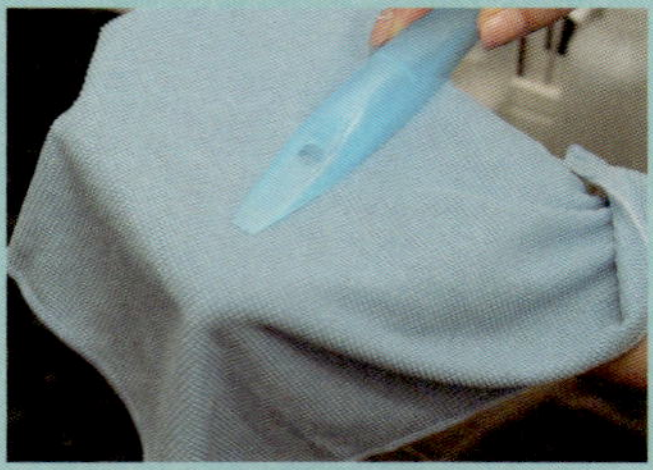

こびりついた汚れは、ヘラなどをぞうきんで包んでからこすります。クエン酸は尿はねの汚れを落とすだけでなく、臭いも中和する効果があります。床、壁もこまめに拭くようにしましょう。

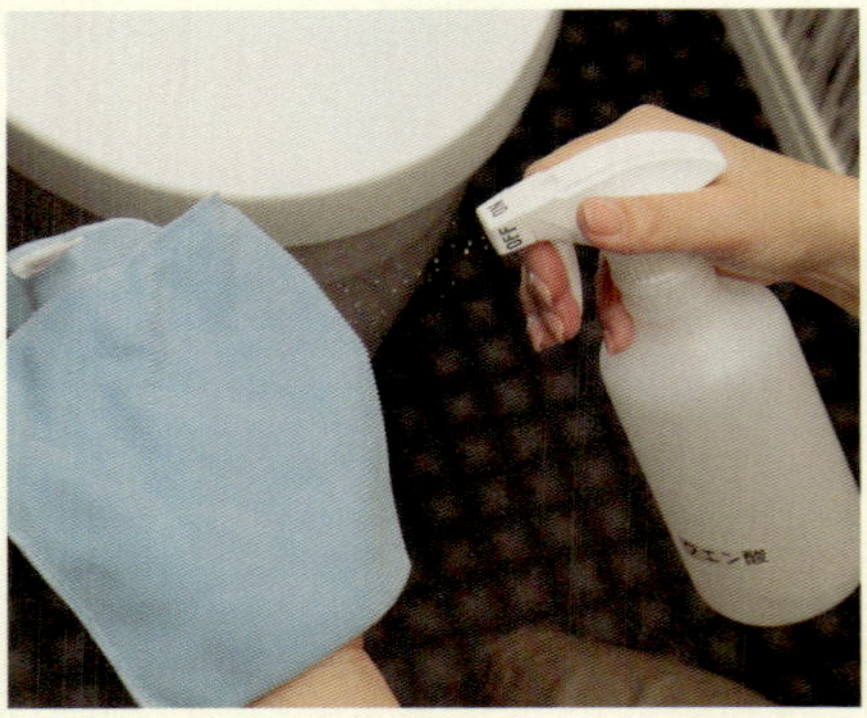

1

クエン酸水を吹きかけたぞうきんで床を丁寧に拭いていく。

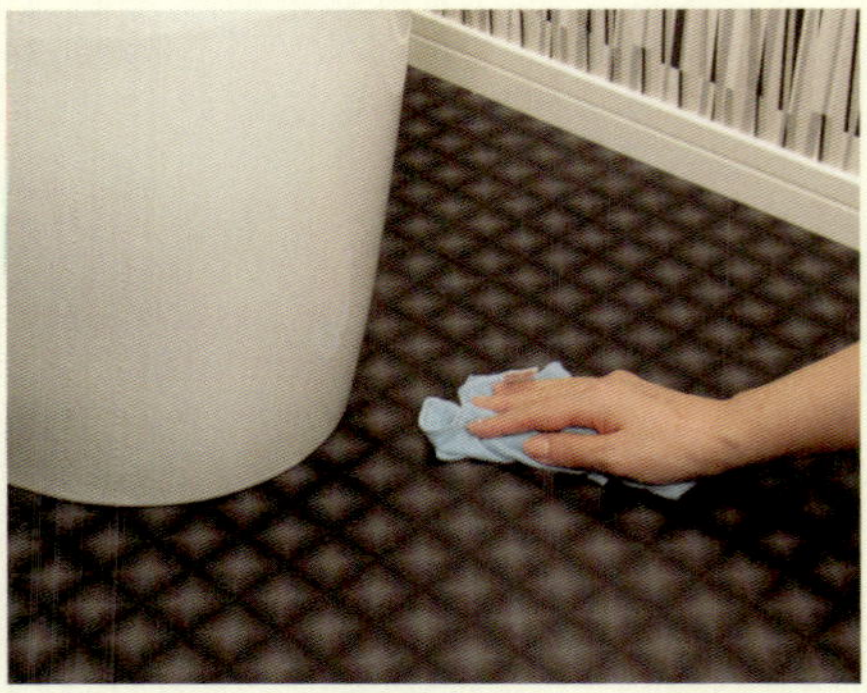

2

こびりついた汚れはブラシの持ち手側のヘラの部分をぞうきんで包んでそうじする。

3

汚れをこすり落とす。

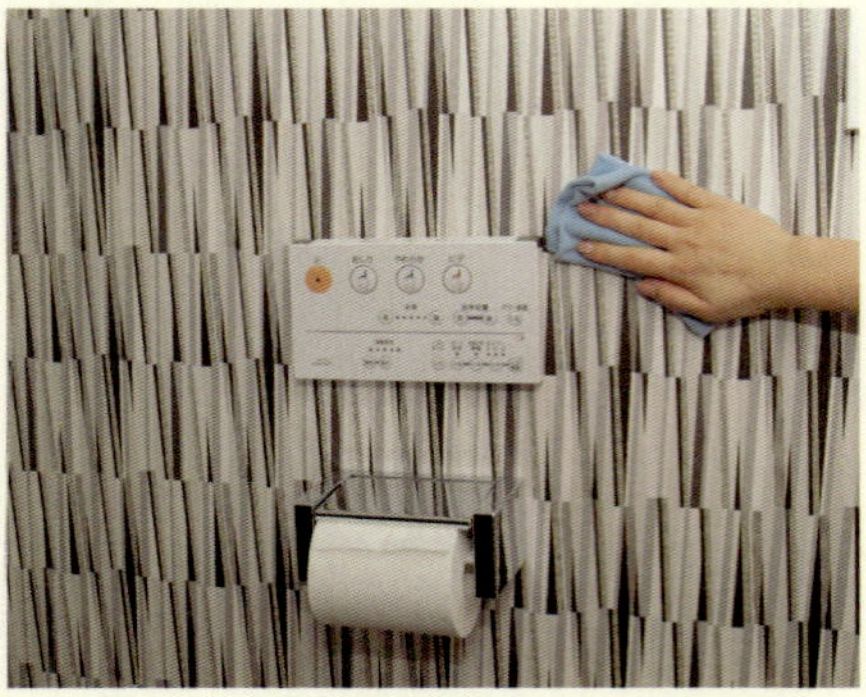

4

壁の高い位置にも尿はねしていることがあるので、壁もしっかり拭きあげる。

洗い場

洗い場は洗面台と同様に、水アカが主な汚れ。クエン酸水を全体にスプレーし、拭き落としましょう。

1

蛇口を含む洗い場全体にクエン酸水をスプレーする。

2

ぞうきんでしっかりと拭きあげる。

3

蛇口部分もぞうきんでしっかりと拭く。

＼おそうじDATA／

汚れと解決策

水アカに

▼

クエン酸

＼ココがpoint！／

タンクのそうじはどうすればいいの？

最近のトイレにはタンクがついていないものが増えています。タンクの中はホースなど外に出してはいけない部品が多いのであまりいじらず、上部の水アカをクエン酸水で拭く程度にしましょう。ただし、しっかり拭きとり、タンク内にクエン酸が残らないように注意してください。

外から入ってくるほこりや砂で汚れます。
玄関は家の第一印象を決める場所なので、
清潔にしましょう。

玄関

床

洗剤は使いません。水拭きで毎日そうじすれば、
キレイを保つことができます。

1

水を全体に吹きかける。

2

水で濡らしたぞうきんを使って拭きとる。

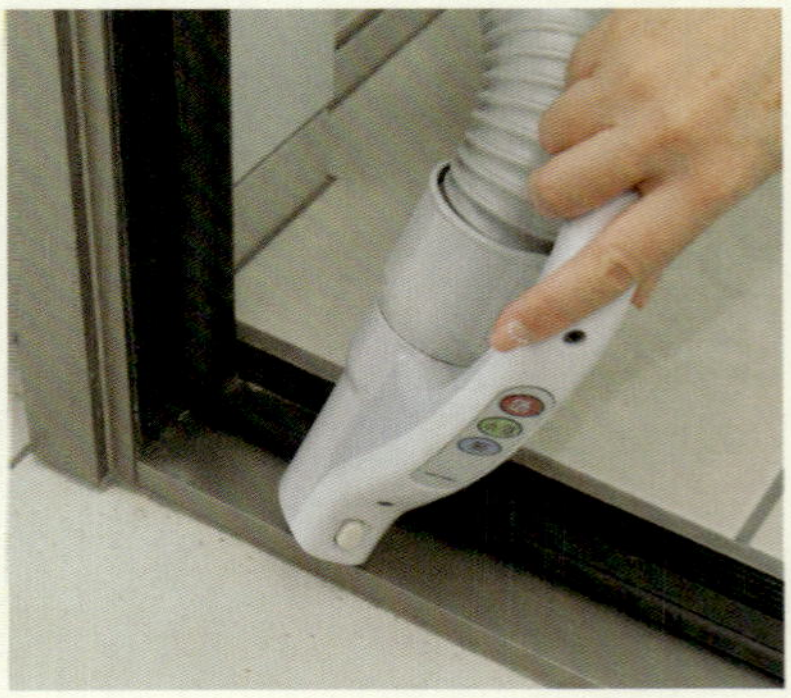

3

溝にたまった汚れは、そうじ機で吸いとる。

＼おそうじDATA／

汚れと解決策

砂ぼこりに

▼

ぞうきん、そうじ機
（洗剤は使いません）

＼ココが point！／

こまめなそうじが大切

マンションの玄関などは共用部分とつながっているため、水が使えないことがあります。毎日こまめにそうじ機をかけてゴミを吸いとり、水拭きしておきましょう。

ドア

玄関のドアは砂ぼこりが直接当たるので、汚れやすい場所です。たくさんの人が使うので手アカ汚れも気になります。

＼おそうじDATA／

汚れと解決策

手アカ・砂ぼこりに

＼ココが point！／

アルコール水で清潔に保つ

ドアノブやインターホンなどは、人が触るので、手アカ汚れも。アルコール水をスプレーしたぞうきんで拭きとるだけで、きれいになります。インターフォンは故障の可能性があるので、直接スプレーせず、ぞうきんにスプレーしてから拭きとります。

1

そうじをしたい場所にアルコール水を吹きかける。

2

水で濡らしたぞうきんで拭きとる。

3

インターホンも同様に、ぞうきんで拭きとる。

4

ぞうきんで拭きとりきれない細かい溝などに入り込んだ汚れは、ハケなどを使って落とす。

通気性が悪く湿気がこもりやすいので、
カビの発生につながります。
揮発性の高いアルコール水を使って
そうじをします。

押し入れ・クローゼット

1

乾いたぞうきんにアルコール水をスプレーする。

2

上から下、右から左、奥から手前に向かって拭いていく。

3

クローゼットの場合も同様に、アルコール水をスプレーしたぞうきんで拭く。

＼おそうじDATA／

汚れと解決策

カビ予防・ほこりに

＼ココがpoint！／

濡れたぞうきんを使うのはNG

押し入れはカビが生えやすい場所のひとつです。乾いたぞうきんを使用し、なるべく水気がつかないようにそうじしましょう。

丸洗いできないファブリックは
重曹で消臭したり、
ほこりやゴミをこまめにとるようにしましょう。
雑菌が繁殖すると臭いの原因になります。

ファブリック

重曹水をまんべんなくスプレーしていく。

カーテン

洗濯ができるタイプのカーテンであれば、洗濯機で丸洗いしてもOK。

＼ おそうじDATA ／

汚れと解決策

酸性の臭いに ▶ 重曹

1

表面を手ぼうきやブラシを使ってはき、ゴミをとる。

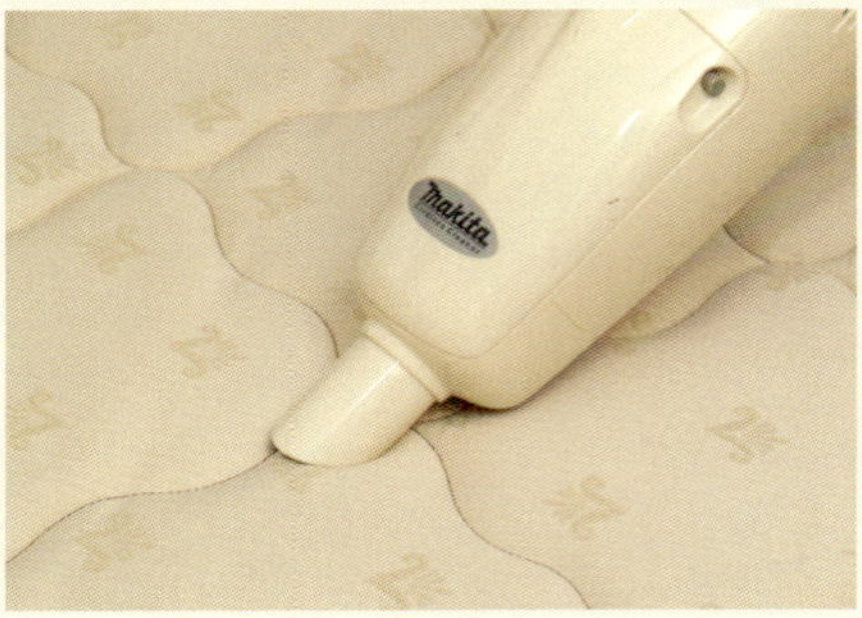

2

へこんだ部分にたまったゴミ、ほこりをそうじ機で吸いとる。

ベッドマットレス

髪の毛やダニの死骸などはそうじ機で吸いとります。

＼ おそうじDATA ／

汚れと解決策

ほこりや
髪の毛などのゴミ

▼

ほうき、ブラシ、そうじ機
（洗剤は使いません）

枕

寝ている間についた汗や皮脂汚れが原因で、臭いの発生につながります。

＼おそうじDATA／

汚れと解決策

汗・殺菌に

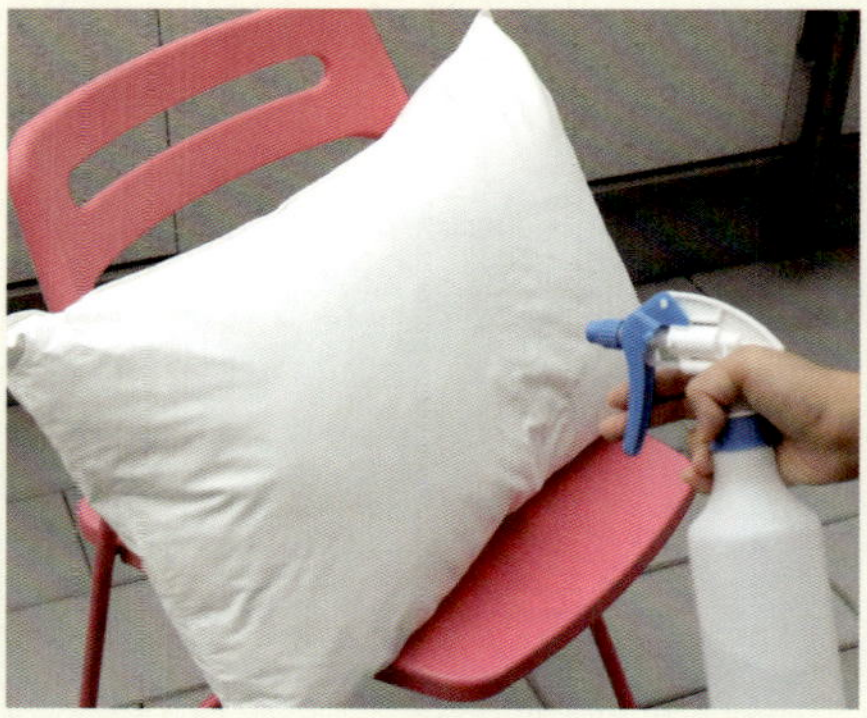

1

枕カバーは外して洗濯機で洗う。枕本体はアルコール水をスプレーする。

2

ベランダなどで天日干しし、乾かす。

クッション

汚れや臭いがつきやすいので、こまめに除菌を。

＼おそうじDATA／

汚れと解決策

ほこり・除菌に

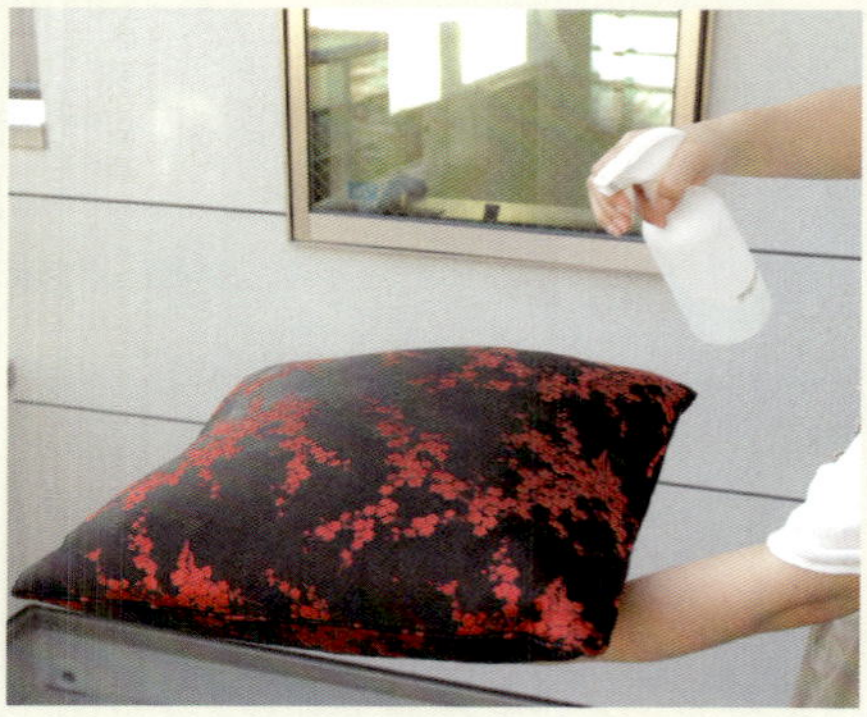

1

全体にまんべんなくアルコール水をスプレーする。

2

ベランダなどで天日干しし、乾かす。

スリッパ

雑菌が繁殖しやすいスリッパの内側を除菌します。

＼ おそうじDATA ／

汚れと解決策

汗や除菌に

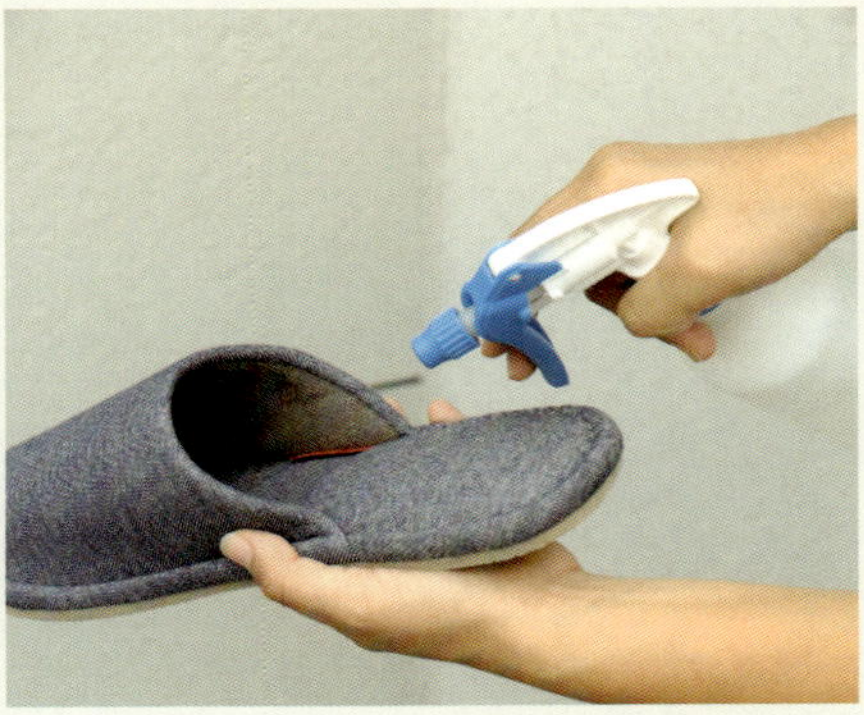

1

スリッパの内側にアルコール水をまんべんなくスプレーする。

2

ベランダなどで天日干しし、乾かす。

運動靴

石けんでしっかりと洗って汚れを落とします。

＼ おそうじDATA ／

汚れと解決策

除菌・汗・皮脂汚れに

＋

1

バケツに水を張り、過炭酸ナトリウム小さじ1と石けんを入れて、靴をつけ置く。

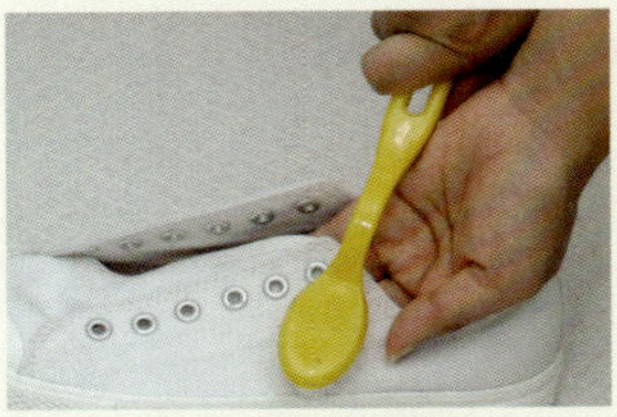

2

ブラシに石けんをつけ、靴をこすり洗いする。しっかり水ですすぐ。

3

石けんをしっかりすすぐためバケツに水を張り、クエン酸小さじ1を溶かし、靴を入れてすすぐ。

↓

ベランダなどで天日干しし、乾かす。

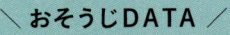

ワイシャツ

襟まわりや袖口は汗や皮脂汚れがつきやすいので部分洗いします。

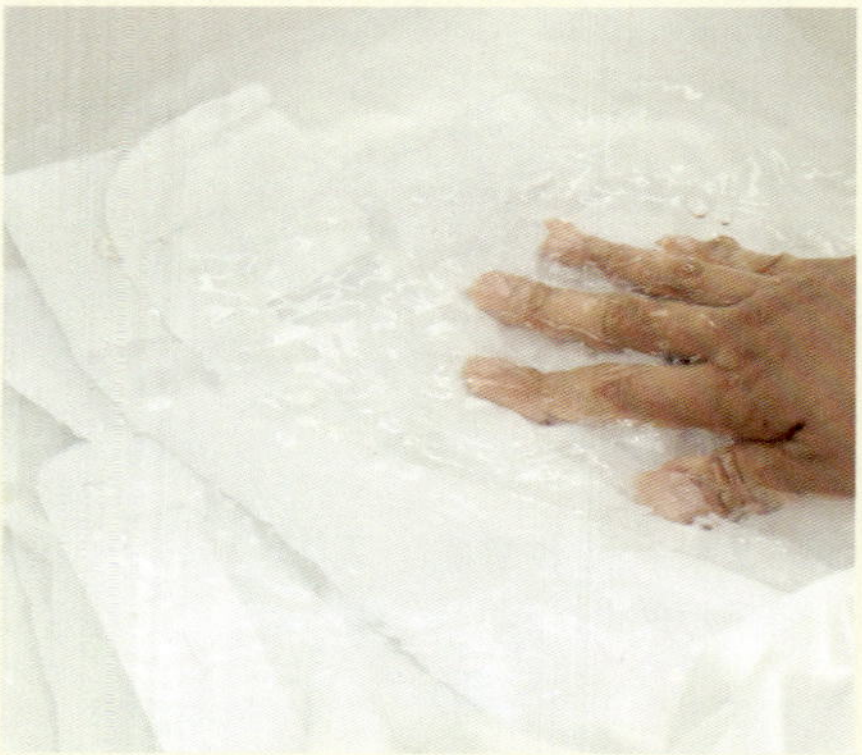

1

洗面台のシンクに水をため、襟と袖口を浸す。

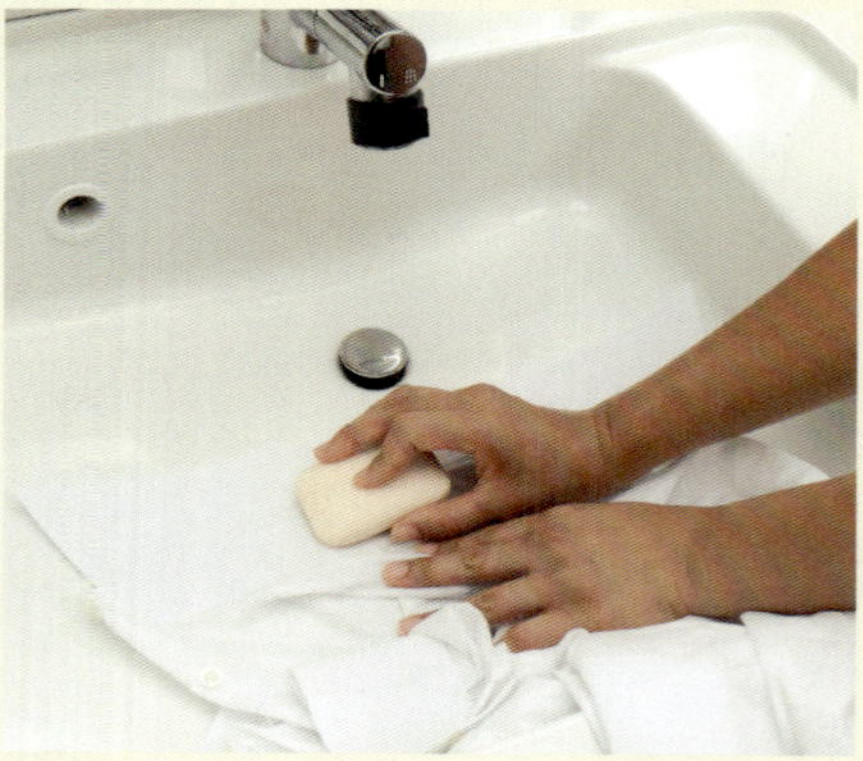

2

固形石けんを汚れた部分にこすりつける。

3

ブラシでしっかりと汚れをこすり落とす。

水洗いし、

洗濯機で通常どおり洗う。

＼おそうじDATA／

汚れと解決策

黒ずみ・皮脂汚れに

＼ココがpoint！／

ローラータイプのブラシもおすすめ

ローラータイプのブラシなら転がすだけで細かなブラシが汚れをキャッチし、力を入れなくてもよいので扱いやすい。

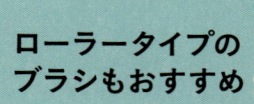

調理器具などは食品に触れるので、
清潔に保ちましょう。
手の届かない部分の汚れにも気を配って。

除菌

ティーポット

ティーポットや急須などは、注ぎ口の部分に茶渋がたまり、雑菌が繁殖します。つけ置き洗いを。

1

大きめのボウルにティーポットを蓋を外してそれぞれ入れる。浸る量の湯を加える。

2

過炭酸ナトリウムを大さじ1入れる。

3

湯の温度が冷めるまでつけ置く。

＼おそうじDATA／

汚れと解決策

除菌に

▼

＼ココがpoint！／

50 ～ 60℃が除菌に最適

過炭酸ナトリウムが効果を発揮するのは、50 ～ 60℃。給湯器の温度を最高温に設定したときの状態が最適です。発泡作用で奥の茶渋もすっきりとり除けます。

水筒

水筒の中に直接、過炭酸ナトリウムと熱湯を入れるだけでOK！ 手軽に行えます。

＼ おそうじDATA ／

汚れと解決策

除菌・茶渋・油汚れに

▼

過炭酸ナトリウム

＼ ココがpoint！ ／

過炭酸ナトリウムで除菌・漂白が一度にできる

水筒の除菌には過炭酸ナトリウムと熱湯を利用します。水筒が耐熱性のタイプの場合は、湯がなかなか冷めないので1時間を目安につけ置きしましょう。

1

給湯器の設定温度を最大にする。部品を外し、水筒の中に湯を入れる。

2

部品はすべてボウルに入れて、同様に湯を入れ、過炭酸ナトリウムを小さじ1ずつ入れる。

3

冷めるまでつけ置きする。

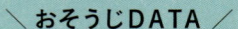

油汚れのフライパン

使い終わったフライパンは、調理油や調味料でべたべたに。セスキ炭酸ソーダですっきり落としましょう。

1

表面についた油はキッチンペーパーなどで拭きとる。

2

フライパンに湯を張り、セスキ炭酸ソーダを大さじ1入れて溶かす。

3

しばらく置き、湯でしっかりと洗い流す。

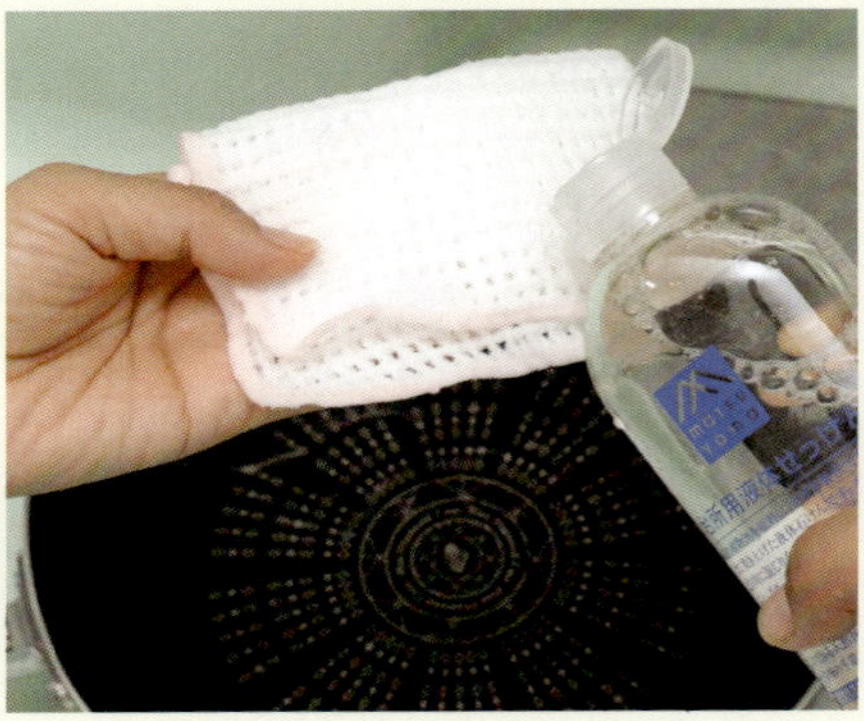

4

42ページを参考にし、食器用液体石けんでほかの食器と同様に洗う。

＼おそうじDATA／

汚れと解決策

油汚れに

または

＼ココが point！／

食事の時間を利用してつけ置くと効率的

調理後すぐに、セスキでつけ置きするようにしましょう。油汚れはついてすぐは落としやすいのと、食事中につけ置くことで、食後すぐに汚れが緩みラクに落とせます。

まな板

まな板の除菌も水筒などと同様に過炭酸ナトリウムと熱湯を使用します。

＼ おそうじDATA ／

汚れと解決策

漂白に

過炭酸
ナトリウム

1

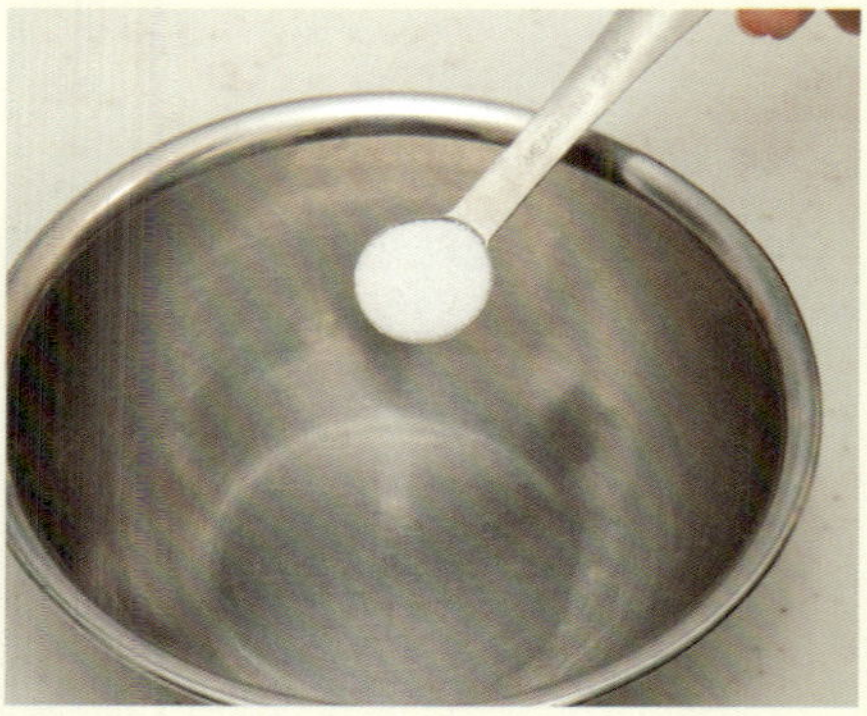

過炭酸ナトリウム小さじ1をボウルに入れる。

2

沸騰させた湯を過炭酸ナトリウムと合わせる。

3

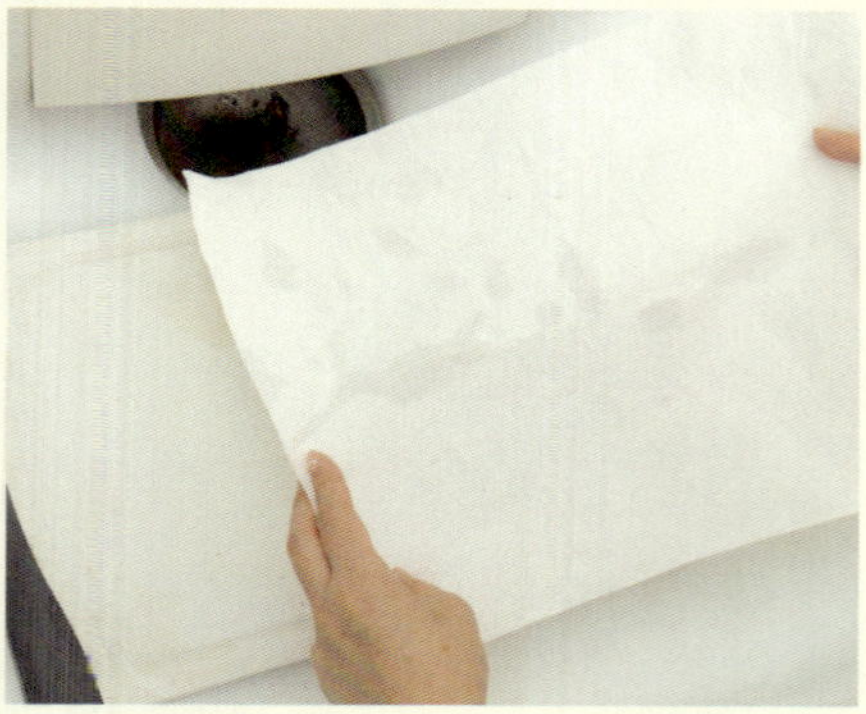

まな板をキッチンペーパーで包むようにのせる。

4

過炭酸ナトリウム液をかけ、浸す。しばらくつけ置きする。

＼ ココが point！ ／

キッチンペーパーで定着させる

水筒と違い、湯をためておけないので、キッチンペーパーで包んで湯が流れ落ちないようにラップして、まな板にしっかり過炭酸ナトリウムを定着させましょう。

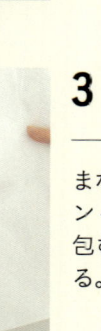

ふきんの煮洗い

臭いや黄ばみなどが気になるふきん。煮沸消毒してきれいに。

＼ おそうじDATA ／

汚れと解決策

油汚れ・除菌に

＼ ココがpoint！／

沸騰させないように注意して

過炭酸ナトリウムは、湯の温度が高すぎると漂白作用が失われてしまいます。必ず沸騰前に火を止めましょう。

1

大きめの鍋に水を張り、ふきんを入れる。

2

過炭酸ナトリウムを小さじ1入れてから火をつける。

3

沸騰直前に火を止め、そのまま湯が冷めるまでつけ置きする。

↓

冷めたら、
洗濯機で通常どおり洗う。

知っておくと便利なそうじの科学

汚れが落ちるメカニズムには、洗剤と汚れの化学反応が大きく関わっています。力を入れてこすってもなかなか落ちないがんこな汚れも、「なぜ落ちるのか」を理解すれば簡単にキレイになります。そうじを始める前に汚れのつき方、落とし方を知っておきましょう。

家にひそむ汚れたち

家の中で汚れないものはほとんどなく、あらゆるものにそうじの必要があります。

ヤニ

壁の汚れに要注意

換気に気をつけているつもりでも、タバコのヤニは壁に付着し、壁紙を徐々に黄ばませます。タバコだけでなくお香やキャンドルも原因のひとつです。

カビ

湿気のこもる場所に発生する

家の中でカビが発生しやすい場所といえば、水をよく使う浴室やキッチン、湿気のたまりやすい下駄箱や押し入れなどがあります。気密性の高い現代の住宅では、換気に気をつけていても湿気がこもり、カビが発生してしまうことがあります。また、すすぎ残したシャンプー類や洗剤がカビのエサとなります。

水アカ

水まわりにできるイヤな汚れ

洗面器や浴槽、蛇口、シンクなどの水まわりにこびりつく白い汚れが水アカです。水が蒸発した後に残るミネラル（カルシウムやマグネシウム）が、次第に積み重なり汚れとなります。手入れを怠ると水アカの上から汚れが付着して黒くなります。

洗濯と抗菌

殺菌・漂白

外出先では消毒液での除菌に気をつけている人でも、自宅で繁殖する菌については意外と盲点になっているもの。まな板やふきん、タオルなど洗ったらしっかり乾かすのが除菌のポイントです。スポンジやブラシなどのそうじグッズも、使い終わったらすぐ洗って乾かしましょう。

シミ・黄ばみ

衣替えでとり出した衣服にシミや黄ばみがついていた、というトラブルは少なくありません。黄ばみの原因はさまざま。洗濯機で何回洗ってもなかなか落ちないことも。一見キレイでも、見えない汚れは時間の経過で浮き出てくるので注意しましょう。

こびりつき

ガスレンジや鍋の底に

鍋の底が汚れたまま加熱したことで、できた焦げつきや、長時間放置しかたまった油汚れなど、一旦こびりついた汚れは落としにくく、やっかいです。

油汚れ

汚れるのはキッチンだけではない

油汚れがつくのは、実はキッチンだけではなく、リビングなど部屋全体に及びます。これは料理中に油を含んだ水蒸気が広がり、至るところに付着するためです。油汚れは時間が経つごとにベタつきを増し、最終的に固まってこびりつきます。また、換気扇が汚れ、部屋の換気が不十分だと部屋中に油が広がります。

イヤな臭い

布やほこりにひそむ生活臭

部屋からイヤな臭いがする原因は、カーテンなどの布製品や部屋にひそむほこりが生活臭を吸っているためです。ほこりがたまりやすいタンスの上や冷蔵庫の裏など普段なかなかそうじしない場所も大そうじの機会にしっかりキレイにすることが、臭い対策にもつながります。布製品は、丸洗いできるものは洗濯機で洗いましょう。

水アカの落とし方

シンクや風呂場などの水まわりに気づけばできている、白いこびりつき。この正体は水アカです。放っておくと固くなって落ちにくくなってしまい、やっかいな汚れに！

水アカができる主な場所

- 蛇口の根元
- 電気ケトルの底
- 加湿器の中
- 風呂場、風呂の鏡
- 洗面台
- シンク
- 食洗機

酸の力を使って がんこな汚れを落とそう

キッチンや洗面台の蛇口など水まわりの白くこびりついた汚れ。なかなか落ちないので悩む人も多いでしょう。

水にはカルシウムやマグネシウムなどの「ミネラル分」と呼ばれる物質が含まれています。水を使ったときに、水分は蒸発しますが、このミネラル分は残ったまま。それが時間とともに変化し、固まったのが「水アカ」です。

そしてさらに、風呂場のプラスチックの洗面器や椅子などにこびりついているのは、「石けんカス」です。これは水に含まれるミネラル分と石けんが反応し、発生する脂肪酸カルシウムなどのことをいいます。

水まわりにできる汚れは、アルカリ性なので酸性の洗剤を使うのが効果的です。市販の洗剤は中性〜アルカリ性のものが多いため、効きません。

酸性の洗剤には、身近なものにお酢やクエン酸などがあります。おすすめのそうじ方法は「クエン酸パック」で、蛇口などの水アカ部分に水に溶かして作ったクエン酸水をまんべんなく吹きかけ、キッチンペーパーでくるみます。その上からさらにクエン酸水をかけて5分ほど放置し、濡らしたぞうきんでしっかり拭きとる、という手順です。最後に拭きとるのは拭き残しがあると酸が残り、ベタついたりサビが発生したりする可能性があるためです。

水アカは放置すればするほど落ちにくくなる汚れです。発生を防ぐためにも、水滴を放置せず乾拭きしましょう。

これで水アカに対抗！

■クエン酸水
水1カップにつき小さじ1/2のクエン酸を溶かしたクエン酸水。必須アイテム。

■キッチンペーパー
クエン酸パックのときに汚れを包むのに使う。すぐ破れない厚めの紙のほうがよい。

■メラミンスポンジ
クエン酸パック後に、メラミンスポンジで汚れをこすり落とす。

カビの落とし方

**浴室の床などによく見られるピンク色のぬるぬるした汚れや
タイルの目地にできる黒い汚れは、実は両方ともカビ。
一度繁殖すると、なかなか落ちなくなってしまいます。**

カビができる主な場所

- クローゼット
- 押し入れや下駄箱
- 結露しやすい窓
- 浴室の床や壁
- タイルの目地
- 浴室ドアのゴムパッキン

繁殖したらなかなか落ちない、やっかいなカビ。毎日の予防を心がけよう

カビの中には醤油や納豆など、食物に利用されているものもあり、すべてが有害というわけではありません。

しかし、黒カビ、赤カビなど住居に発生するカビは、一度生えるとなかなか除去できない、大変やっかいな存在です。こまめな予防で繁殖を防ぎたいもの。

黒カビはタイルの目地や風呂の蓋、ドアのゴムパッキンなどの水まわりや押し入れなどの湿気の多い場所に生えやすいカビです。初期ならば拭きとることもできますが、放置すると菌糸を伸ばして深くまで根を張ってしまいます。この段階になると残念ながら完全にとり除くことはむずかしくなります。とにかく普段から水分を残さないように拭きとり、アルコールで除菌することです。

赤カビは風呂の床などに発生する、ぬめりを伴うピンク色の汚れです。黒カビと違ってそうじすればキレイになるので、重曹でこすってよく洗い流しましょう。赤カビも水を残さないよう水気をしっかり拭きとるだけで防げます。

そのままにしてしまうと、カビ臭くなったり、アトピー性皮膚炎や喘息などのアレルギー性疾患の原因になったりと、私たちの人体にさまざまな悪影響を及ぼします。

カビは20℃以上の温度、水分、そしてエサとなる汚れがあるとどんどん繁殖します。どれかひとつを断てば予防できるので、こまめな換気やそうじを心がけましょう。

これでカビに対抗！

■アルコール水

高い殺菌能力をもつアルコール。水を拭きとってからアルコール水をスプレーする。

■マイクロファイバークロス

水分を拭きとるときは、クロスを使えばキレイに水気をとることができる。

■スクイージー

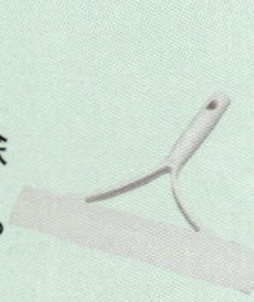

日頃から水分をしっかりとり除き、カビを予防することが大切。

油汚れの落とし方

**換気扇やコンロなどのキッチンまわりをはじめ、
さまざまな場所に存在する油汚れ。放っておくと汚れがこびりついてしまい、
そうじが大変なことになります。**

油汚れができる主な場所

- ドアノブなど手の届く範囲
- 浴槽
- コンロ
- コンロまわりの壁
- 調理器具

気がついたらすぐに拭きとることがポイント！

油汚れというと、調理で使う油によってできるキッチン汚れが代表的ですが、それだけではありません。例えば、家電製品や壁などにつく手アカ。これは私たちの皮脂によってつくられます。また、浴槽につく湯アカに含まれる皮脂も油汚れの一種といえます。

油汚れはこびりついたまま放置すればするほど、キレイにするのがむずかしくなります。油は空気に触れると酸化が進みます。油汚れがついたまま放置され酸化し、そのままほこりなどが付着するとベタベタ汚れになってしまうのです。コンロの油汚れは付着したまま再び加熱することで固く落ちにくくなります。

油汚れを防ぐには、毎日の調理などのついでにしっかり油を拭きとることが何よりの対策です。油は熱いうちなら簡単にサッと拭きとれます。

普段のそうじなら、重曹水やアルコール水をスプレーして拭きとるだけで十分です。コンロだけでなく、まわりの壁なども忘れずにそうじしましょう。

もし、がんこな汚れになってしまったら、重曹水でパックし、五徳や換気扇のフィルターなどパーツが外せるものは、過炭酸ナトリウムで煮洗いしたり、セスキでつけ置きしたりする方法が有効です（34〜35ページ参照）。

手アカはアルコール水をスプレーしてマイクロファイバークロスなどで拭きとります。とくに皮脂を含む手アカは階段の手すりやドアノブなどさまざまな場所についています。

これで油汚れに対抗！

■重曹水またはセスキ水
油汚れは酸性の汚れなので、アルカリ性の重曹で対抗を。

■過炭酸ナトリウム
重曹より強いアルカリ性なので、がんこな油汚れが落とせる。

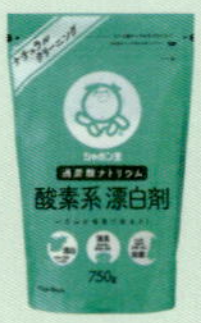

■キッチンペーパー
油とねのあるキッチンまわりは重曹水でパックする。

こびりつきの落とし方

こびりつきというのはがんこな汚れのこと。
うっかり焦がしてしまった鍋やフライパンの底、カップなどにつく茶渋など、
こびりついた汚れは少しこすっただけではなかなか落ちません。

こびりつきができる主な場所

- グリル
- 換気扇のフィルター
- 鍋やフライパンなど
- カップなどの食器
- コンロ

時間をかけてできてしまった汚れはじっくり落とそう

こびりつきといっても、鍋やフライパンなどの焦げつきからカップなど食器につく茶渋、コンロやグリルの焦げつきや油汚れなどさまざまなものがあります。これらに共通するのは時間をかけて蓄積された、がんこな汚れということです。長時間放っておいた汚れは、パックやつけ置きなどで水と洗剤を浸透させると、力を入れずに落とせるようになります。

鍋やフライパンの焦げつきは、一般的な台所洗剤でこすっただけではなかなか落ちてくれません。そんなときに使えるのが重曹です。重曹は粒子が細かく水に溶けにくいのでキッチンそうじにはクレンザー代わりとして使えます。

それだけでなく、重曹と水を鍋に入れて火にかけると二酸化炭素の泡が発生します。この泡の力で焦げつきをはがすことができるのです。沸騰したらすぐに火を止め、冷めるまでそのままにしておけば、自然と焦げが浮き上がってくるので、後は力をこめなくても汚れを落とすことができます。もし、それでも焦げつきが残っていたら、重曹を振りかけて、たわしやスポンジでこすりましょう。

茶渋も、わざわざクレンザーを買わなくても、同じように重曹を振りかけて、こすればキレイになります。

コンロやグリルのこびりつきは油汚れが主なので、重曹などのアルカリ性の力で落とせます(36ページ参照)。汚れの強さによって、使いやすいアルカリ洗剤を選びましょう。

これでこびりつきに対抗！

■重曹

重曹の発泡作用を利用して焦げを浮かし、落としやすくする。

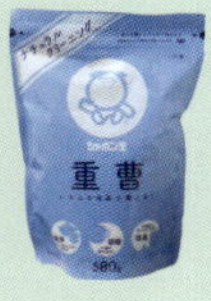

■ヘラ

コンロなどの焦げや油汚れは、ヘラをぞうきんにくるんでこすり落とす。

■細いブラシ

細いブラシは換気扇のフィルターをそうじするときに。重曹をかけてこする。

タバコのヤニの落とし方

自身が喫煙していたり家族に喫煙者がいたりすると、どうしても避けられないタバコのヤニ汚れ。気がつけば壁は黄ばみ、部屋全体がタバコ臭に包まれてしまいます。

タバコのヤニで汚れる主な場所

- カーテン
- 衣類
- 壁紙
- 天井

壁の汚れには重曹水、臭いにはクエン酸水が効く

タバコの成分表を見ると、必ずタール（ヤニ）の量が記載されています。タバコを部屋で吸う人が家族にいると、どうしても気になるのがヤニによる壁紙の汚れ、臭いです。

ヤニは歯を黄色くすることで知られていますが、壁紙も同じように黄色く変色してしまいます。アパートやマンションなど賃貸住宅に住んでいる人は、退却時に壁紙の張り替え代やクリーニング代などが自己負担になる可能性があるので、とくに気をつけたいポイントです。

壁についてしまったタバコのヤニは、重曹水を吹きかけてマイクロファイバークロスなどで拭きとればキレイになります。広い範囲の壁をそうじするときは、あらかじめバケツに重曹水を作っておくとよいでしょう。

また、タバコの臭いはアルカリ性なので、酸性のクエン酸水が消臭に効果的です。

タバコは衣類だけでなく、カーテンや壁紙など部屋のありとあらゆる場所に臭いがついてしまいます。とくにカーテンはタバコだけでなく、料理やペットなどさまざまな生活臭を吸いとります。そのまま放っておくと、部屋に足を踏み入れた瞬間、「イヤな臭いがする」なんてことにも。

カーテンの臭いは、洗濯機で丸洗いしてしまうのが一番です。ことの臭いなら重曹水をかけることで、応急処置ができます。

ヤニ汚れは、変色するなどひどくなる前に毎日のそうじで予防に努めましょう。

これでタバコのヤニに対抗！

■重曹水

壁の黄ばみには重曹水を吹きかけて、クロスなどで拭きとる。

■クエン酸水

タバコの臭いはアルカリ性なので、酸性のクエン酸水が効く。

■マイクロファイバークロス

壁の汚れは重曹水をかけて、クロスで拭きとる。

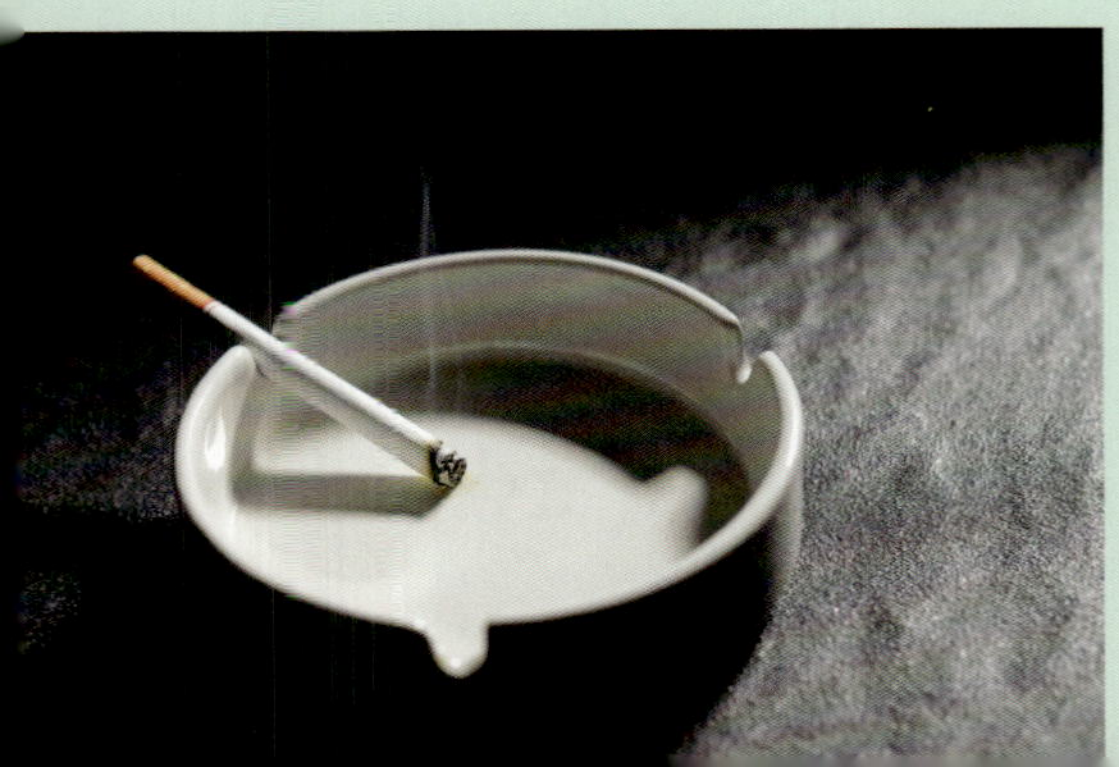

イヤな臭いの防ぎ方

家に帰ってドアを開けた瞬間、何か臭う……。
それは家のどこかに臭いが染みついてしまった証拠です。
臭いには必ず原因があります。臭いの元を突き止め、しっかり消臭を。

イヤな臭いが発生する主な場所

- カーテン
- カーペット
- シンクの下や押し入れ
- 三角コーナーや排水口
- ゴミ箱
- トイレ

消臭剤を買うより毎日汚れを残さないこと

臭気は嗅覚を通して脳に伝わり、私たちはそこで「いい匂い」か「イヤな臭い」かを判断します。

イヤな臭いにはどのようなものがあるでしょうか。タバコの臭い、生ゴミの臭い、トイレの臭い……。これらの悪臭にはすべてその場所に臭いの原因があります。そして臭いの元はひとつではないかもしれません。

例えば、キッチンにはさまざまなイヤな臭いが隠れています。代表的なイヤな臭いは、生ゴミなどの腐敗臭です。排水口や三角コーナーのイヤな臭いも、食品が腐敗して臭います。これらは重曹水で洗い流したり、過炭酸ナトリウムの発泡作用で汚れを落としたりすることで消臭できます。

リビングではタバコや料理などの生活臭が残ってイヤな臭いとなります。カーテンなどには日常的に重曹水を吹きかけることで防臭できます。

押し入れやシンクの下など高温多湿の場所はカビが繁殖しやすく、独特のカビ臭さがあります。ときどき換気を心がけ、アルコール水をスプレーしてカビの発生を防ぎます。

トイレのアンモニア臭は時間が経った尿はねが原因です。尿は思っていたより広範囲に壁や床に飛び散っています。使用後すぐに拭きとれば、臭いは発生しないでしょう。

イヤな臭いを防ぐためにも、日ごろから汚れを残さないことが大切です。

これでイヤな臭いに対抗!

■重曹水

カーテンやカーペットなど酸性の臭いをとるのに使える。日ごろのお手入れに。

■クエン酸水

トイレのアンモニア臭に効く。床や壁、便器などすべてに使える。

■マイクロファイバークロス

重曹水、クエン酸水をスプレー後、クロスで拭きとる。

シミ、黄ばみの落とし方

「ちゃんと洗濯しているのになぜか黄ばみが残ってしまう」という悩みはよく聞きます。
シミや黄ばみなど衣服のトラブルは
クリーニングに出さないと落ちないのでしょうか。

シミ、黄ばみができる主な場所

- 袖口
- 襟元
- 脇

合成洗剤で落ちない汚れも重曹や石けんで解決！

そうじと同じように毎日の暮らしに欠かせない洗濯。しかし、しっかり洗濯しているにもかかわらず、袖口や脇、襟元が黄ばんだりしてしまうことがあります。しかし何回洗濯してもなかなか落ちてくれないのです。

衣類の黄ばみは、汗ジミ、酸化した皮脂汚れが原因のこともあれば、石けんが原料の油に戻り衣類をコーティングすることが原因になることもあります。

黒ずみは角質のたんぱく質が原因。たんぱく質汚れはアルカリ洗剤で落ちます。ヨゴレ部分を水で濡らし、固形石けんを塗りつけ、洗濯ブラシなどでこすり洗いするとキレイに落ちます。

黄ばみがひどい場合やシミ抜きをしたい場合は、煮洗いがおすすめです。大きめの鍋に水を張り、石けん、過炭酸ナトリウム各小さじ1を入れます。洗濯物を中に入れ、そのまま火にかけ、沸騰する前に消火し、冷めるまでそのままつけ置きし、後はしっかりすすぐだけです。そのまま洗濯液ごと洗濯機に入れて、普通に洗濯してもかまいません。熱に強く、色落ちの心配のないアルカリに強い布地なら、煮洗いで黄ばみ、シミ、タオルについた黒カビなどがキレイに落ちます。ただし、襟袖の黒ずみなどたんぱく質汚れに煮洗いは向きません。加熱すると固まり、落ちにくくなります。

血液のシミは、主成分がたんぱく質なのでアルカリ性の洗剤が効きます。血液汚れがついたらすぐにセスキ水や過炭酸ナトリウムなどに浸しておくと、キレイに落ちるでしょう。

これでシミ、黄ばみに対抗！

■過炭酸ナトリウム
殺菌や漂白の力が強い。ひどい汚れはつけ置きがよい。

■固形石けん
汚れた袖口などに塗りつけ、こすり洗いするだけでキレイに。

■洗濯ブラシ
襟元や袖口の汚れを毛先でかき出す。

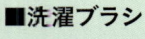

食器やまな板などの除菌方法

食品に直接触れる食器やまな板は、清潔に使っているつもりでも、同時に菌が繁殖しやすいので要注意。正しい殺菌方法を知り、常にキレイにしておきましょう。

雑菌が発生する主な場所

- 水筒
- スポンジ
- 包丁やまな板
- ふきん

落としきれない雑菌は過炭酸ナトリウムと湯で

毎日の料理で使うキッチン用具や食器は、口に入る食品に直接触れるものなので、衛生を保つよう気をつけなければいけません。しっかりと洗っているつもりでも、食器には食品の残りカスや手指からの汚れ、洗剤の洗い残しなどが付着しており、そこから菌が繁殖します。とくに、まな板はキッチン用具の中でも菌が繁殖しやすく、台所用洗剤で洗っただけでは菌を落としきれないことがあります。しっかり除菌し、清潔な状態を保ちましょう。

まな板などの除菌には過炭酸ナトリウムを使います。過炭酸ナトリウムは強い酸化力があり、シミの色素を分解して無色にしたり、菌を殺したりすることができます。

除菌には湯を使うことがポイントです。例えば、水筒には中に過炭酸ナトリウムと湯を入れます。キャップなどの外せる部分はすべて外してボウルに入れ、同様に過炭酸ナトリウムと湯を入れます。そのまま冷めるまでつけ置きすることで除菌するのです。まな板や包丁など湯が流れてしまうものを除菌したいときはキッチンペーパーを使うとよいでしょう。過炭酸ナトリウムを湯に溶いてまな板にかけ、キッチンペーパーでパックしてつけ置きするだけです。

また、除菌の一番のポイントはなるべく早く乾かすことです。スポンジは薄くて乾きやすいものを選び、使用後は干してください。また、ふきんは定期的に煮洗いをしましょう。

これで雑菌に対抗！

■過炭酸ナトリウム

強い酸化力をもつ。食器だけでなく、衣類の漂白もできる。

■アルコール水

アルコールは医療の現場で使われるほど、殺菌力がある。防カビに最適。

■キッチンペーパー

まな板を除菌するときに過炭酸ナトリウムでパックする。

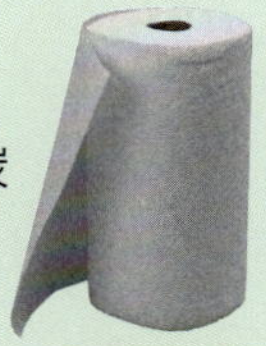

ナチュラル洗剤早見表

	重曹	セスキ	クエン酸	過炭酸ナトリウム	アルコール	石けん
性質	ごく弱いアルカリ性	弱いアルカリ性	酸性	弱アルカリ性	ほぼ中性	弱アルカリ性
水への溶けやすさ	×（湯なら○）	○	○	△	○	△（湯なら○）
研磨力	○	×	×	×	×	×
消臭力（臭いの原因による）	○（酸性）	○（酸性）	○（アルカリ性）	○（雑菌・酸性）	○（雑菌）	△（酸性）
除菌力	×	×	△	○	○	×
漂白力	×	×	×	○	×	×
スプレー水での使用・保存	△	△	○	×	○	×
粉での使用	○	×	×	×	×	×
粉での保存	○	○	○	○	×	○
水アカに	×	×	○	×	×	×
油汚れに	○（古く固いものは△）	○	×	○	○	○
カビに	△	△	△	○	○	△
焦げつきに	○	○	×	○	×	△
シンクの汚れに	○	○	○	○	×	○
排水口に	○	○	×	○	×	○

	重曹	セスキ	クエン酸	過炭酸ナトリウム	アルコール	石けん
性質	ごく弱いアルカリ性	ごく弱いアルカリ性	酸性	弱アルカリ性	ほぼ中性	弱アルカリ性
コンロやグリルに	○	○	×	○	△	○
冷蔵庫に	○	○	×	×	○	×
電子レンジに	○	○	×	×	○	×
フローリングに	○	△	×	×	○	×
窓に	○	○	×	×	○	×
畳に	×	×	×	×	○	×
エアコンに	×	×	×	×	○（本体）	×
お風呂に	○（浴槽に）	○（浴槽に）	○（鏡や小物に）	○（風呂釜に）	○（カビ予防に）	○
洗濯槽に	×	×	×	○	×	×
トイレに	○	○	○	○	○	○
押し入れ／クローゼットに	×	×	×	×	○	×
まな板などの除菌に	×	×	×	○	○	×

本書でとり扱っている洗剤の特性や適した場所をまとめました。

もっと知りたい！こんな場所のおそうじどうする？

加湿器

電気ケトル（41ページ参照）と同様に、水アカができます。加湿器に湯を入れクエン酸小さじ1を加え、結晶化した水アカを緩めて重曹でこすり落としましょう。

ブラインド

主な汚れはほこりや油汚れです。ゴム手袋を着用した上に重曹水を含ませた軍手を装着して、羽根の間に指を入れ拭きとります。

カーテンレール

汚れの上にほこりが積もってしまったら、なかなか水拭きだけでは落ちません。重曹水を含ませたぞうきんを使って拭きとりましょう。

自動車

主な汚れは油汚れです。重曹水をバケツにたっぷりつくり、ぞうきんやスポンジに含ませて拭きとります。たくさんつくるときは2ℓのペットボトルで湯を量ると便利。湯2ℓに対して重曹を小さじ5（20g）用意しますが、洗車の場合は水で洗い流すので白い粉が出ることはないため、濃度を気にする必要はありません。

ダウン・コートなどの洗濯

全体を洗うのは大変なので、袖口や襟など汚れた部分だけをこまめに洗い、シーズンの終わりにクリーニングに出すとよいでしょう。ドライクリーニングでは、汗など衣服につく汚れは落としきれないので、こまめな部分洗いが大切です。

網戸

戸建ての場合は、外して水洗いすることができますが、マンションなど集合住宅の場合はなかなかむずかしいもの。重曹水を含ませたぞうきんで拭きあげましょう。

ナチュラルクリーニングQ&A

ナチュラルクリーニングを実践する前に、もう少し知識を深めてみましょう。

Q ナチュラルクリーニングで使う洗剤はどこで買えるの？

A ナチュラルクリーニングで使う洗剤は、基本的にどこでも簡単に手に入れることができます。本書で紹介してきた洗剤はいずれもドラッグストアやホームセンター、量販店、100円ショップなどで販売されています。

基本的にどれも安価で購入することができますが、アルコールのみ少々値段が張ります。広い範囲のそうじには、水に溶かした洗剤を大量に使うので、そういった場合は思い切り使える重曹を活用したほうがよいでしょう。

Q ナチュラル洗剤はどんな場所でも使えるの？

A 洗剤によっては使ってはいけない場所があるものもあります。例えば、アルカリ洗剤はアルミ素材に使うと黒ずんでしまう可能性があるほか、大理石や天然石、畳なども変色してしまうことがあるので、注意が必要です。それぞれの洗剤に関して、10～20ページに記載してあるので、参考にしてください。

Q 市販の合成洗剤と混ぜてもいいの？

A 多くの場合、混ぜても問題はありません。ただし、塩素系の洗剤と酸性の洗剤、つまりクエン酸を混ぜるのは有毒ガスが発生するので、絶対にいけません。塩素系の洗剤は、パッケージに「混ぜるな危険」と記載されているもので、市販のカビ取り洗剤などがそれにあたります。使用の際は注意しましょう。

Q ナチュラル洗剤はどうやって保管するの？

A どの洗剤も蓋が閉まる容器に入れて、しっかり密閉した状態で保管します。保管場所は、直射日光を避け、湿気のない場所を選びます。

蓋が金属の容器だと錆びてしまう可能性があるので、プラスチックの容器を選びましょう。

なお、アルコール水はそのまま数か月保存できますが、弱めのアルカリ洗剤は水と変わらず傷みます。重曹水は1日、クエン酸水は2～3週間が使用の目安です。また、過炭酸ナトリウムは、密閉すると容器が変形する可能性があるので注意しましょう。

Q 野菜の皮などはそうじに活用できるの？

A みかんの皮やコーヒーの抽出カスなど、余った食材をそうじに使うのは間違いではありません。

ただ、例えばみかんの皮でこすってそれを洗い流さないと、油汚れやシミが残ることがあります。元が食材なので、しっかり処理をしないと、目的の汚れは落ちても、また別の汚れに広がることがあるのです。

Q 合成洗剤と比べて落ちが悪い気がする……

A 汚れにも洗剤と同じように性質があるので、「落ちが悪い」と感じたら、それは汚れと洗剤の相性が合っていない可能性があります。「どんな汚れにも効く」などというオールマイティーの洗剤より、ひとつひとつの汚れに合う洗剤を選んだほうが汚れの落ちはよいでしょう。例えば、重曹は床や壁の酸性汚れには効きますが、水アカや石けんカスには効きません。汚れと洗剤の性質を見極めることから始めましょう。

索引

あ

か

さ

た

重曹　セスキ　クエン酸
過炭酸ナトリウム　石けん　アルコール

ナチュラル洗剤そうじ術

■発行日　2017年　11月　15日　第1刷

Author ………… 本橋ひろえ

Book Designer
カバー・表紙 ………… 矢崎進（yahhos）
本文 ………… 伊藤あき　志村麻沙子（sakana studio）
Illustrator ………… 森千夏

Publication
株式会社ディスカヴァー・トゥエンティワン
〒102-0093　東京都千代田区
平河町2-16-1　平河町森タワー11F
TEL　03-3237-8321（代表）
FAX　03-3237-8323
http://www.d21.co.jp

Publisher ………… 干場弓子
Editor ………… 千葉正幸＋木下智尋

Marketing Group Staff
小田孝文　井筒浩　千葉潤子　飯田智樹　佐藤昌幸　谷口奈緒美　古矢薫　蛯原昇　安永智洋　鍋田匠伴
榊原僚　佐竹祐哉　廣内悠理　梅本翔太　田中姫菜　橋本莉奈　川島理　庄司知世　谷中卓　小田木もも

Productive Group Staff
藤田浩芳　原典宏　林秀樹　三谷祐一　大山聡子　大竹朝子　堀部直人　林拓馬
塔下太朗　松石悠　渡辺基志

E-Business Group Staff
松原史与志　中澤泰宏　中村郁子　伊東佑真　牧野類　小木曽礼丈

Global & Public Relations Group Staff
郭迪　田中亜紀　杉田彰子　倉田華　李瑋玲　蒋青致

Operations & Accounting Group Staff
山中麻吏　吉澤道子　小関勝則　西川なつか　奥田千晶　池田望　福永友紀

Assistant Staff
俵敬子　町田加奈子　丸山香織　小林里美　井澤徳子　藤井多穂子　藤井かおり　葛目美枝子　伊藤香
常徳すみ　鈴木洋子　内山典子　石橋佐知子　伊藤由美　押切芽生　小川弘代　越野志絵良　林玉緒

Proofreader ………… 株式会社鷗来堂
撮影 ………… 糸井康友
編集・制作 ………… 古里文香　茂木理佳　川上萌　矢作美和（バブーン株式会社）
DTP ………… アーティザンカンパニー株式会社
画像協力 ………… ピクスタ
Printing ………… 大日本印刷株式会社

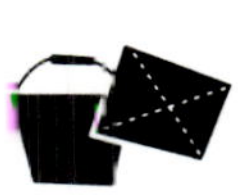

ISBN978-4-7993-2186-7